A UTOPIA

Jean-Yves Lacroix

A UTOPIA

Tradução:
Marcus Penchel

Revisão técnica:
Geraldo Frutuoso
mestrando em filosofia, IFCS/UFRJ

Jorge Zahar Editor
Rio de Janeiro

Título original:
L'utopie

Tradução autorizada da primeira edição francesa
publicada em 1994 por Editions Bordas, de Paris, França,
na coleção Philosophie Présente

rua México 31 sobreloja
20031-144 Rio de Janeiro, RJ
tel.: (021) 240-0226 / fax: (021) 262-5123

Obra publicada com apoio do
Ministério Francês da Cultura

Capa: Gustavo Meyer

CIP-Brasil. Catalogação-na-fonte
Sindicato Nacional dos Editores de Livros, RJ.

L15u

Lacroix, Jean-Yves
A utopia / Jean-Yves Lacroix; tradução, Marcus Penchel; revisão técnica, Geraldo Frutuoso. — Rio de Janeiro: Jorge Zahar Ed., 1996.

Tradução de: L'utopie
Inclui bibliografia
ISBN 85-7110-344-5

1. Utopias. I. Título

96-0117

CDD 194
CDU 167.4

SUMÁRIO

Para meu pai

Quero agradecer aqui a Jacques Moutaux, inspetor-geral de Educação Nacional, por seu constante encorajamento e amizade, de que é testemunho a apresentação que segue.

Agradeço também ao professor Olivier Bloch e a Robert Maggiori. Sem eles não existiria este livro.

Neste livro, *A Utopia* designa a obra escrita por Thomas Morus, Utopia é a cidade perfeita por ele descrita, e utopianos, seus habitantes. O gênero literário inaugurado pela obra é a utopia, e utópico o que o segue fielmente. Utopismo designa pensamentos e práticas que podem ser associados, íntima ou longinquamente e sob perspectivas diversas, à *Utopia*.

Advertências

1. Só indicamos em nota referências às obras que não figuram nas "Indicações bibliográficas".

2. A edição corrente da *Utopia* que utilizamos é a seguinte:

A. Prévost, *"L'Utopie" de Thomas More*, Mame, 1978. Sua referência abreviada é *U*. Nossas referências remetem à paginação contínua de rodapé; a do alto de página é ou a do fac-símile aqui utilizado da edição de Basiléia (novembro de 1518) ou a da apresentação. A tradução é de A. Prévost. Existem duas edições recentes de bolso: a de M. Bottigelli, que utiliza e revê a tradução de V. Stouvenel (Editions Sociales, 1966, 1982), e a de S. Goyard-Fabre, que utiliza a tradução de M. Delcourt (Garnier-Flammarion, 1987). [Edições brasileiras utilizadas nesta tradução: *A Utopia*; trad. Luís de André, Rio de Janeiro, Ediouro; *A Utopia*; trad. Ana Pereira de Melo Franco, Brasília, Ed.Unb, 1980.]

APRESENTAÇÃO

Chama-se *utopista* aquele "que toma seus sonhos por realidade". Assim definia Littré, com grande simplicidade e banalidade, a acepção mais corrente em francês atual do termo *utopista*, acepção que vale igualmente para as inúmeras palavras formadas a partir da raiz *utop-* que se tornaram de uso comum nas línguas européias e sem dúvida também em algumas outras. [Entre elas, naturalmente, o português.] A palavra é depreciativa e freqüentemente utilizada, por exemplo, para condenar ou desacreditar um projeto político. Não é, entretanto, fortemente pejorativa. Uma utopia é uma quimera, um projeto irrealizável, uma das formas da insensatez. Assim como o maquiavélico age sem nenhum escrúpulo, o utopista é irrealista. Tal como o Sócrates de Aristófanes, ele se eleva, mas nas nuvens.

Dessa acepção vulgar e corrente convém distinguir vários significados eruditos. Em primeiro lugar, entre as pessoas cultas, o termo *Utopia* designa de maneira geral obras de imaginação, descrições e narrativas que podem ter por objeto os aspectos mais diversos da existência, da vida social, da técnica. Quando se toma a palavra nesse sentido, utopia define um gênero literário no qual se podem incluir obras muito diversas, anteriores e posteriores à obra patronímica de Thomas Morus. Se definida como gênero literário, estudá-lo consistirá primeiro em distingui-lo de outros gêneros, tais como, por exemplo, a ficção científica ou o conto filosófico (no qual se pode encontrar ocasionalmente uma utopia, como o Eldorado de *Cândido*); depois, em definir as espécies de utopia, por exemplo segundo as intenções, os processos e o conteúdo da ficção; e, por fim, em examinar as origens, efeitos e interesse das utopias. O estudo das utopias tem a ver, portanto, com o estudo da literatura e da história das idéias. Os devaneios de um visionário não sendo menos reveladores que os sonhos daquele que dorme, mesmo *A Utopia* de Morus é sonho de um visionário, pode efetivamente iluminar o conhecimento da Renascença e da evolução das idéias políticas no começo do século XVI.

Não se pode todavia ficar nisso: a utopia em geral, e a de Morus em particular, como oriundas da história da filosofia. A palavra *utopia* figura no *Vocabulaire de la philosophie* de Lalande, páginas 1178-1180. Nele, o verbete *Utopia* é comandado por três referências: Thomas Morus; a oposição marxista entre socialismo científico e socialismo utópico; e a distinção de Sorel entre utopia e mito. Seu interesse reside, primeiro, em evidenciar claramente as dificuldades ou aporias da noção, que levam a propor duas definições. A primeira reza que utopia é um quadro que "representa sob a forma de descrição concreta e detalhada a organização ideal de uma sociedade humana". A segundo acepção, "muito freqüente", caracteriza-se por seu teor pejorativo: "ideal político ou social sedutor mas irrealizável, que não leva em conta os fatos reais, a natureza do homem e as condições de vida". As dificuldades para circunscrever a noção devem-se todas a essas definições da utopia como ideal. Se a utopia é o ideal, é preciso, para ficar em estrita conformidade com a concepção de ideal como *maximum* e com a apreciação kantiana da *República* de Platão, denunciar o sofisma pelo qual se deduziria "sub-repticiamente" do ideal "o não-valor técnico e do não-valor técnico o não-valor lógico ou moral" de uma utopia. O *Vocabulaire* — sabe-se a autoridade que ele atribui à terminologia da filosofia crítica — não deixa de assinalar e denunciar esse sofisma.

A definição da utopia como ideal implica outras dificuldades, não menos temíveis: se utopia não é o que não está realizado em lugar algum, mas sim, mais radical e kantianamente, o que não *poderia* estar, há como distinguir um sentido pejorativo? Mas, então, o que é feito do irrealizável? Pois, é preciso reconhecer também, "encontra-se sempre na utopia um elemento de crença, de esperança", o que obriga a distinguir entre utopia como ideal a realizar, mesmo imperfeitamente, e utopia como agradável quimera, tão inconsistente que só se poderia compará-la a uma visão ou espectro. Os sonhos da razão não são as quimeras do desejo ou do sentimento. E isso não é tudo. O sentido e o interesse de uma utopia são apenas teóricos? Ou sobretudo práticos? Trata-se, como acreditava Sorel, de estabelecer um modelo com o qual se poderia avaliar as sociedades reais? Ou de "tornar sensíveis os resultados que se crê poder atingir através de outras instituições, supondo-as realizadas"? No segundo caso, a utopia não se define essencialmente como um gênero literário, mas como um método geral que encontra aplicação nas matemáticas, nas ciências e na filosofia. Donde a definição do próprio Lalande: "procedimento que consiste em representar um estado de coisas fictício como realizado de maneira concreta, seja a fim de julgar as conseqüências que implica, seja, o mais das vezes, para mostrar o quanto suas conseqüências seriam vantajosas". O interesse de uma utopia, nesse caso, pode ser tanto prático como teórico, porque se aproxima da hipótese científica. Lalande refere-se à epistemologia de Mach e à "experiência de pensamento", "a experiência mental" que é a sua base. Então, a utopia define-se como método ou, antes, como caso particular de um método genérico: "O método utópico em matéria social", diz L. Weber, "não passa de um caso particular de um método genérico, empregado até mesmo nas matemáticas, por exemplo nos mitos de Poincaré; a estátua de Condillac é outro exemplo. O método mereceria ser estudado no conjunto e em suas características próprias." Em suma, o *Vocabulaire* de Lalande evidencia, em termos filosóficos, o antagonismo de duas interpretações, uma de origem kantiana, a outra de fundamento positivista, uma e outra bem pouco fiéis no entanto, me parece, à genealogia que se atribuem.

Assim, a utopia, extravagância para o bom senso, que não espera benefícios próprios antes do "dia de são nunca", é para o filósofo uma maneira de usar a razão, palavra que no entanto *não aparece* no longo e substancial verbete do *Vocabulaire de philosophie*. A concepção da utopia em geral como método racional, todavia mais de entendimento que de razão, é o fio condutor da obra publicada em 1950 por Raymond Ruyer sob o título *L'Utopie et les utopies*. "A intenção da utopia", diz Ruyer, "é positiva e mesmo positivista; é científica e técnica. A utopia é um jogo, mas um jogo sério. O utopista tem o senso das possibilidades outras da natureza, mas não se afasta da noção de natureza. Ele troca de mundo, o que é muito diferente" (p. 4). Ruyer, pois, toma distância da interpretação "kantiana" do utopismo, afirma que a utopia não se define sobretudo por sua intenção, mas fundamentalmente por seu método, o "modo utópico", o "procedimento utópico", "muito próximo de todos os procedimentos ordinários da invenção científica: método hipotético-dedutivo e experiência mental". Essa concepção positivista da utopia abre o caminho que levará mais tarde à *Gnose de Princeton*.

Precisar que, se a utopia em geral pode bem ser considerada um gênero literário, a utopia filosófica se define, por sua vez, como método ou "experiência mental" é fazer uma delimitação decisiva e fundamentar assim o que há de sério pelo menos em certas utopias. Não se pode, todavia, parar aí: é preciso ainda determinar por que se usa esse método, a que vontade ele serve, que sentido tem o seu uso em política. Todo método é um processo para resolver um problema, para construir a resposta a uma pergunta. Onde quer chegar, então, o utopista?

Ruyer não se esquiva à questão e a responde definindo o espírito do utopismo, o que para ele equivale a traçar a psicologia do utopista. O uso da experiência de pensamento é próprio de um teórico, de um espírito especulativo. E o utopista é antes de tudo um especulativo. Mas não se limita a isso. Ele quer também mudar o mundo: o utopista sonha com o poder. Doce sonhador? Nada disso. Para Ruyer, o sonho do utopista, se é a expressão de um desejo, é a do desejo de poder. O utópico de toda utopia não resulta da especulação, da razão, mas da vontade de poder de seu criador. A especulação, quando se faz utopia, serve a um sonho de dominação, proveniente "de uma compensação adleriana para a impotência congênita da razão" (p. 37). Ruyer é da mesma opinião de Chesterton, segundo o qual "a utopia mais democrática é sempre, na verdade, o quadro de uma tirania e o sonho de um tirano, que vem a ser o próprio utopista dando-se a satisfação de arrumar o mundo à sua feição". Feita esta definição, Ruyer elabora uma doutrina filosófica completa, erudita, coerente e crítica da utopia, mas que na verdade é antes refutação e rejeição total de toda utopia. No fundo, ele toma o partido das contra-utopias. Olhando bem, com efeito, sob os traços de um Utopus, por exemplo, vê-se nitidamente a inquietante figura de Big Brother. Em conformidade com sua definição, é claro que Ruyer reconhece o que a sociologia e as técnicas sociais devem ao utopismo. "As utopias são como invólucros de bruma sob os quais avançam idéias novas e realizáveis." Entretanto, o capítulo mais longo de sua obra denuncia *As taras profundas da utopia social*, de sorte que para ele, em definitivo, as utopias são mais nocivas que úteis. Para Ruyer, o conhecimento das utopias apresenta apenas o interesse de esclarecer historicamente a origem "de grandes catástrofes" e de "muitos desempenhos heróicos". Fora esse uso útil para o historiador e o moralista, a utopia, em suma uma espécie de ginástica, deve ser reservada aos exercícios escolares e universitários, onde, de resto, pode ser muito frutífera; bem utilizada, pode igualmente ensinar aos adultos "o sentido de nossos laços com o futuro" (p. 289). Seria vão esperar mais da utopia.

O historiador das idéias e das civilizações, quando fala do século XVI, confirma os pontos de vista do filósofo. Assim Jean Delumeau, na sua imponente obra sobre a *Civilisation de la Renaissance*: "Por se ligarem, para além da Idade Média, a uma corrente de pensamento muito antiga e a uma tradição platônica, as utopias do Renascimento apresentavam um caráter indiscutível de inadaptação ao presente. De certa forma, os utopistas do século XVI e início do XVII estavam atrasados para a época e não a compreenderam" (p. 366). As utopias, das quais Ruyer não estava longe de pensar o que Valéry dizia da história, ou seja, que é um dos produtos mais perigosos elaborados pela química do intelecto, que inebria e desencaminha os povos, que os faz sonhar e conduz às manias de grandeza ou de perseguição, as utopias, pois, o historiador acusa-as do pecado original, mortal e irredimível em história: são *anacrônicas*. Delumeau enumera os anacronismos que comandam o espírito dos utópicos: eles coletivizam quando o momento é de individualismo, eles constroem Estados sem tradição quando o momento afirma o sentimento nacional, eles abolem a propriedade e a moeda quando está nascendo o capitalismo, eles se isolam no momento em que se multiplicam as trocas intercontinentais, eles professam a desconfiança por tudo o que é natural numa época que sob muitos aspectos foi "uma descoberta da natureza". Os utopistas nadam contra a corrente.

Hoje, e desde algum tempo, os historiadores da filosofia e os filósofos encaram a utopia por um ângulo inteiramente outro. Jean-Yves Lacroix, naturalmente, não perde de vista as difíceis e importantes questões que acabamos de levantar. São mesmo a razão de ser de sua investigação. Ele lê Thomas Morus, mas leu Marx e Engels e Ernst Bloch. Seu estudo mostra uma atenção vigilante com a questão do socialismo utópico e com o princípio da esperança. Se dá um lugar importante ao infinito na análise da utopia, é porque a linha de horizonte que define o que tem em vista é a utopia em geral e a colocação à prova de seus fundamentos. Mas, justamente porque esse é o objetivo, seu estudo da *Utopia* de Morus não se baseia numa definição prévia de utopia. Bem ao contrário, como já fez por exemplo Pierre-François Moreau, ele estuda *A Utopia*, busca a sua originalidade e sistemática para tentar saber em que se basear sobre a utopia em geral e sobre muitas outras coisas. Enquanto o princípio mesmo do estudo empreendido por Ruyer, assim como o ponto de vista do historiador das civilizações, leva irresistivelmente a colocar todas as utopias mais ou menos no mesmo saco e nelas encontrar com talento e engenhosidade variações sobre o tema da vontade de poder ou a considerá-las como marca de uma época, J.-Y. Lacroix conduz seu estudo seletivamente sobre a obra de Morus e se aplica, com minucioso rigor, a indicar-lhe a originalidade radical, formando da obra uma visão distinta, de tal sorte que a utopia de Morus não possa ser confundida com nenhuma outra.

O interesse que J.-Y. Lacroix e alguns outros atribuem à obra de Morus parte de princípios e pressupostos bem diferentes dos que baseiam as apreciações de Ruyer e Delumeau, por exemplo. Paradoxalmente, Lacroix faz-se mais historiador que o historiador e mais filósofo que o filósofo. Ele considera a fantasia de Morus como um acontecimento singular, pertencente à história, e que não poderia ser compreendida simplesmente como uma negação do movimento histórico. Enquanto definir o utopismo como anacronismo é apreciá-lo segundo o curso da história, estudar *A Utopia* como um acontecimento é não omitir a sua primeira parte e não esquecer que a utopia é também uma vontade de razão. Porque J.-Y. Lacroix considera, além disso, que a obra de Morus só pertence à história das idéias por pertencer, antes de tudo, à história da filosofia. Em vez de apreciar o utopismo e as utopias com a ajuda de um sistema de pesos e medidas autenticados pela filosofia, ele encara a obra de Morus como sistemática e como acontecimento pertencente à história da filosofia.

Essas posições supõem, evidentemente, que não sejam aceitas nem a concepção do curso da história determinada pelo julgamento do historiador das idéias nem a concepção da razão e do sentido das instituições sociais e políticas fundada nas condenações de Ruyer. A intenção de estudar a obra de Morus como um texto filosófico apresenta evidente ousadia.

Parece-me que tal intenção se justifica por uma consideração de pesos. O caráter filosófico da *Utopia* de Morus, com efeito, aparece claramente por pouco que se relacione a obra às dificuldades que afronta e que são as de uma época. Como os problemas em ciência, dificuldades e aporias são em filosofia o primeiro passo da inteligência e condição de toda inteligibilidade.

Entre 1515 e 1520, mais ou menos, foram concebidos, imprimidos e divulgados vários livros muito diferentes tanto pela forma como pelo conteúdo mas que atestam todos uma crise aguda, ratificando e rematando uma ruptura: *O príncipe*, de Maquiavel, *A Utopia*, de Morus, *Educação de um príncipe cristão*, de Erasmo, *Carta aberta à nobreza cristã da nação alemã sobre a reforma do Estado cristão* (e, no mesmo ano, três outros escritos "reformadores") de Lutero, todos bem diferentes uns dos outros mas todos obras do fim do mundo, que preparam, projetam e esperam tempos novos. O feudalismo desagrega-se e o cristianismo, já tendo enfrentado muitos cismas, começa a se cindir mais uma vez: a autoridade da Igreja Católica romana é contestada no seu próprio seio. A cristandade, união do cristianismo e do feudalismo, se desloca. Os problemas que comandavam os grandes trabalhos do pensamento escolástico dois séculos antes e, por exemplo, por volta de 1310, o *De monarchia*, de Dante, são colocados em novos termos, em condições e circunstâncias novas, com métodos e exigências de novos pensamentos. Nas obras publicadas por volta de 1520, nada, realmente nada resta do mundo e do rigor escolástico de Dante. O estabelecimento metódico da verdade por definições, proposições, demonstrações, discussões e teses de Escola dá lugar aos discursos. Os homens de letras emancipam-se. A razão trilha outros caminhos, procura outro rigor. A imprensa divulga os manuscritos. Por ter que fazer face a novas e imprevistas tarefas, resultado de trabalhos conduzidos com perseverança e inteligência por longo tempo, o mundo cristão busca novos alicerces. Em uma palavra, é o Renascimento.

O espírito da época é o da reforma. Reformar, então como agora, é corrigir, emendar, melhorar. Mas naqueles tempos a palavra *reforma* não tinha o significado insípido, adulterado, suavizado que hoje se opõe a revolução. Era tomada e compreendida num sentido mais forte e preciso, radical, que conservará até o século XVII, com a pena de Descartes ou Spinoza, por exemplo. Reformar é de fato corrigir, emendar, melhorar, aliviar, mas retomando os fundamentos, voltando aos princípios, é re-formar, re-fazer, re-fundar. As obras mencionadas desafiam as próprias bases da sociedade medieval e vão escavar mais fundo. Os princípios em que se assentava a cristandade medieval desaparecem ou são sistematicamente contestados. A definição das três tarefas sociais — trabalhar, governar e proteger, rezar —, sua repartição entre três "estados" — trabalhadores e artesãos, nobreza, clero —, a distinção entre poder temporal e poder espiritual e a determinação de suas relações, tudo é reexaminado, posto à prova. As coisas são retomadas na base, trabalha-se no edifício e nos fundamentos. Na *Utopia*, como em muitas outras obras da época, manifesta-se uma radicalidade, o retorno a princípios mais fundamentais, trabalhos de refundação lançando alicerces que ainda permanecem hoje em dia, presentes embora recobertos desde então por abundantes superestruturas e sobretudo embaralhados por contra-reformas eficazes.

A singularidade da *Utopia* de Morus pertence a esse tempo e a essas reformas. O jogo de palavras que se difundiu como "parte alguma", os termos eruditos da toponímia utopiana, que chama um grande rio de "O seco" são do mesmo espírito, da mesma ironia filosófica e helenizante do *Elogio da loucura*. Era preciso pertencer à comunidade dos humanistas para encontrar a palavra *utopia*, que em nossas bocas assegura a perenidade de um espírito assim como a Fonte dos Inocentes mantém cotidianamente em nossas construções de vidro e metal uma arte que faz cantar a pedra sob a luz e que foi a da Renascença. A palavra *utopia* é também um monumento. J.-Y. Lacroix mostra o que tem de memorável a obra que legou essa palavra a nossas línguas.

Todas as obras mencionadas acima fazem face às mesmas dificuldades. Quando se encara a *Utopia* de Morus não como uma imitação de Platão mas como uma resposta aos problemas de seu tempo, quando se examina o seu diagnóstico da situação, a direção que toma para resolver as dificuldades, quando se traça uma comparação com os pontos de vista de um Erasmo, de um Lutero, de um Maquiavel, percebe-se bem o caráter filosófico de seu pensamento. *A Utopia* é sistema; é mesmo harmonia, forma de sistema que supõe a satisfação de condições finas e imperiosas de ajuste. A radicalidade da *Utopia* é filosófica.

É necessário todavia precisar melhor, porque a obra de Morus não se apresenta como um tratado, mas como um romance. Oferece o pitoresco de um quadro, de uma imagem. Mas, obra de razão, é também uma figura, como as que se encontram nos livros de geometria elementar — os *Elementos* de Euclides, por exemplo. E sabe-se que por vezes em Euclides a evidência da figura supre tal ou qual insuficiência axiomática. O racional não se apresenta sempre axiomaticamente completo como Atenas nascendo da fronte de Zeus. *A Utopia* de Morus é sem dúvida muito menos a aplicação figurativa de uma axiomática legislativa elaborada previamente do que a busca racional de uma perfeição das imagens, um pouco à maneira como os escultores e pintores procuram, nos grandes momentos da história da arte, os cânones do corpo humano, isto é, uma espécie de perfeição que não se encontra nem num modelo vivo nem numa fórmula mas como acabamento e perfeição do que se oferece à vista quando se olha para desenhar. Como o prazer do olho e do espírito determina o cânone do artista que desenha, os prazeres do corpo e do espírito determinam instituições e costumes de Utopia. *A Utopia* de Morus e o *Adão e Eva* de Dürer pertencem ao mesmo espírito e à mesma idade da razão. Como compreender que uma figura seja também uma imagem? Para esclarecer este paradoxo e dar acesso à inteligibilidade de uma "ontologia que só pode se pensar por imagem", para precisar o sentido da utopia, J.-Y. Lacroix parte do bê-a-bá. A essência da Utopia e sua existência não se separam. Para pensar o utópico da utopia é preciso voltar às categorias primeiras e originárias da filosofia: essência e existência antes de mais nada, mas também ser e devir, universal e singular, realismo e nominalismo, necessário e contingente, o mesmo e o outro, aqui e alhures, natureza e arte, finito e infinito. É preciso filosofar.

Graças a essa aplicação metódica das categorias fundamentais da filosofia à ficção racional de Morus, J.-Y. Lacroix faz também aparecer a originalidade e radicalidade da obra. A radicalidade do pensamento de Morus não é percebida enquanto nos atemos estritamente à comunhão de bens e à interdição de toda apropriação privada além do simples consumo. O comunismo não é a solução técnica de um problema técnico. Ele se justifica pelo fato de que o homem não pode desabrochar numa simples sociedade, mas somente numa comunidade. Instituições e costumes da utopia repousam sobre uma ética do prazer e da felicidade. *A Utopia* é bem o contrário de um irrealismo e, no entanto, não é também Cidade platônica. O país que Hitlodeu visitou não tem a ver com a idade de ouro; não é nem o país da Cocanha nem o paraíso terrestre nem a cidade de Deus sobre a terra. Nem a doutrina das formas substanciais nem o realismo platônico, nem a ontologia ockhamiana nem as concepções de João Duns Escoto podem explicar adequadamente o processo de pensamento pelo qual Morus encarna a razão na imagem. Quanto à radicalidade, as reformas podem, de um estrito ponto de vista teórico, distinguir-se umas das outras pela natureza dos fundamentos sobre os quais se reconstroem e pela amplitude das mudanças pretendidas. A reforma luterana, recolocando radicalmente em questão a forma medieval do poder espiritual ao afirmar que somos todos padres, permanece teológica, retomando as coisas a são Paulo. A obra de Erasmo sobre o príncipe cristão, dando à filosofia um status mais nobre que o de serva da teologia, indicando os primeiros rudimentos da idéia de uma filosofia cristã, funda-se no preceito de Platão de que as Cidades só podem ser bem governadas se o filósofo for o príncipe ou o príncipe filósofo. Erasmo vai procurar suas bases além (ou aquém) do cristianismo. As referências de Maquiavel são também antigas. Talvez Morus vá no entanto ainda mais longe, remontando aos fundadores de Cidades, quem sabe além. Utopus é personagem que se ombreia talvez a um Pitágoras, mais seguramente a um Licurgo; ele também distribui terras, mas sem repartir lotes. A Utopia não é igualitária. Ali cada um trabalha de acordo com a sua capacidade e tem comida para matar a fome. A figura utópica anuncia um outro uso da razão. J.-Y. Lacroix nos ajuda a percebê-lo.

Seguindo suas análises, percebe-se também, creio, que nós, filósofos do final do século XX, continuamos sempre um pouco herdeiros da *Utopia* de Morus. A prova é que não apenas a palavra entrou na língua de todo mundo e o espírito da utopia não cessou em quase cinco séculos de produzir livros surpreendentes, mas também e sobretudo que os adversários da *Utopia*, como Ruyer e outros, têm que rejeitar essa herança de forma adequada e suar para se desfazer dela. O texto de Jean-Yves Lacroix apresenta, além disso e mais importante a meu ver, o interesse especial de evidenciar que o livro de Morus propõe uma tarefa que nos resta ainda a cumprir, nós que abandonamos essa tarefa sem dúvida de maneira um pouco fácil demais à economia política, à psicologia e à ergonomia: pensar o trabalho de modo que torne possível uma filosofia do trabalho. A filosofia talvez não se tenha comprometido nesse ponto de forma suficientemente decidida. Se por vezes procurou esclarecer os trabalhos dos homens com os conceitos filosóficos, se por vezes também procurou esclarecer as grandezas e sobretudo as misérias da filosofia com os trabalhos humanos, talvez ainda não tenha procurado neles com suficiente arrojo as questões e aporias fecundas de uma filosofia primeira.

JACQUES MOUTAUX
Inspetor-geral de Educação Nacional

INTRODUÇÃO

O tempo das utopias não acabou? A época é de duro realismo, para não dizer desesperança. Os povos parecem não ter mais projetos grandiosos, que são até mesmo rejeitados. Além disso, ninguém ou quase ninguém mais escreve utopia, descrevendo de maneira romanesca uma cidade feliz, de harmonia e justiça, que possa funcionar como horizonte. Em seu lugar aparecem as antiutopias, que mostram um mundo frio, desumano, robotizado, em suma um mundo em que é absolutamente impossível viver, como conseqüência necessária de um domínio absoluto do devir humano. Decididamente, querer a perfeição numa sociedade terrestre parece hoje uma aberração que só pode levar à catástrofe. Isso é aceitável? Uma sociedade pode não somente progredir mas mesmo simplesmente existir sem utopia? É preciso ter cautela, o que está em jogo não é pouca coisa. Não ver na utopia, de maneira certamente cômoda, senão sonho, ilusão ou quimera, reduzi-la à condição de ideal talvez sedutor mas irrealizável é mais do que totalmente inexato: é arriscar-se a perder radicalmente o espírito da utopia. Trata-se com efeito, antes de mais nada, de uma questão de alteridade em certo olhar sobre o ser, de uma questão de felicidade e liberdade. Assim, a utopia apresenta de maneira categórica o reino do direito contra o reino do fato. Ela é vontade do homem e da razão. O caso é, portanto, filosófico. E pode-se viver sem filosofia?[1] Mas de onde vem então aquilo que no próprio movimento utópico produz efeitos que negam seus princípios? Por que, afinal, recusar também a utopia? Ou, antes, o que se deve recusar nela sem arriscar perder tudo?

É preciso uma referência. Propomo-nos aqui a examinar o que se pode chamar de utopismos filosóficos a partir sobretudo de uma análise da *Utopia* (1516) de Thomas Morus (1478-1535). A utopia nasceu com efeito desse romance, que apresenta na primeira parte uma severa crítica à sociedade de seu tempo, antes de descrever de maneira bastante detalhada e na voz de um navegante-filósofo uma cidade perfeita que existiria num Novo Mundo recém-descoberto pelos europeus.

O romance exprime as promessas desse período de ruptura que foram as primeiras décadas do século XVI, que vê desabar o velho mundo gótico e avançarem o humanismo, o protestantismo, a contra-reforma e ao mesmo tempo se reconhece herdeiro de tradições como o platonismo, o epicurismo e o estoicismo ou, ainda, a erudição judaica, o ocultismo e a hermenêutica remanescentes da Antigüidade que acaba. Aceleração do desenvolvimento da burguesia capitalista, crescente domínio técnico sobre a natureza e descoberta de novos continentes: a época é a do "homem que inventa e que ousa", com um "sentimento de imensidão", segundo E. Bloch[2]. Em especial, a cidade vive a interrogação entre o indivíduo que se descobre e o universo que se desdobra. Tanto mais que, se o capitalismo enriquece o banqueiro Fugger ou os Medici, provoca a miséria do povo e a exploração de povos distantes e faz com isso nascer o apelo de novas relações sociais. As instituições políticas da época misturam em constelações pouco estáveis os princípios cristão, feudal e romano, de forma que a conjuntura é favorável à constituição de uma nova filosofia política. E ela é, particularmente, a da utopia: "O Renascimento é o reino da imaginação", segundo Hélène Védrine. Mais precisamente, "é de fato no Renascimento que se faz a ruptura entre a imaginação-mimese, que estava ligada à idéia de arquétipo e de tempo cíclico, e a imaginação criadora, que supõe um tempo aberto."[3] A utopia realiza sua vocação filosófica pela unidade que apresenta entre esses dois tipos de imaginação.

A Utopia foi redigida em ondas sucessivas. De início é o projeto de um *Elogio da sabedoria (Sofia)*, que reverteu no *Elogio da loucura (Moria)* dedicado por Erasmo a Morus (1509). Enviado em missão oficial a Flandres por Henrique VIII em 1515, Morus, futuro lorde chanceler da Inglaterra, lê ali as *Quatro Navegações* de Vespúcio (publicadas em Saint-Dié em 1507)[4] e redige o essencial do que seria o Livro II, isto é, a descrição da cidade perfeita. O Livro I, crítica do Velho Mundo, será escrito no retorno à Inglaterra, já dispondo então o autor do instrumento teórico necessário. O termo *utopia* nasceu como neologismo latino forjado a partir do grego[5] e que, não sendo de parte alguma, nem grego nem latino, parece o mais apto a transportar o espírito para um "algures" radical. Mas já que o sentido desse "algures" é nomeado pelo que representa de partida, "o país de Lugar Algum" não é "o país de Qualquer Lugar". É o país da Felicidade: por fim e sem que isso substitua o termo "Utopia", já definitivo, Morus chama sua ilha de "Eutopia" nas edições de 1518.

A partir do século XVIII, a palavra "utopia" torna-se substantivo comum.[6] Daí em diante seu sentido tende a se ampliar de forma desmedida.[7] Nosso projeto é, pois, tentar aqui determinar os princípios filosóficos da utopia, os utopismos propriamente filosóficos. Ontologicamente, a utopia exige que nenhuma essência possa ser pensada fora de uma existência, no caso imaginado. O fundamental é então a afirmação de uma perfeição própria aos homens, na terra. O mal, seja moral ou físico, não é negado na descrição da cidade perfeita: as instituições utópicas conhecem criminosos e doentes. Mas a perfeição está em que sua essência não apenas não tem qualquer responsabilidade por isso como, ademais, é tal que a felicidade e a justiça existem apesar de tudo. Essa ontologia quer que a harmonia social e natural seja possibilidade do ser, o que supõe a "*Humanitas*" com suas condições políticas e econômicas e se realiza no ato transformador do trabalho humano socialmente ordenado. Com a utopia, vamos pensar finalmente o que podem os homens quando se organizam como é preciso.

NOTAS

1. Essa questão é universal, como testemunha o recente livro de J.G. Bidima, *Théorie critique et modernité négro-africaine*, Publications de la Sorbonne, 1993. A utopia está no centro do "diálogo" pretendido pelo autor entre a ultra-européia Escola de Frankfurt e a África.

2. *La philosophie de la Renaissance*, Payot, 1974, pp. 5-11.

3. *Les grandes conceptions de l'imaginaire*, pp. 44-45.

4. Depois da *Cosmographiae introductio*, do círculo erudito da cidade. Esse texto foi reeditado em 1992, com os relatos de Cristóvão Colombo e P. Martyr d'Anghiéra, em *Le nouveau monde*, Les Belles Lettres.

5. O nome "*Utopia*" aparece pela primeira vez na *Carta a P. Gilles* (amigo de Morus e secretário da cidade de Antuérpia), em outubro de 1516, e que serve de prefácio à primeira edição. A palavra é formada a partir de duas palavras gregas: *ouk* (abreviada para *ou* antes de consoante), que significa "não" e se transformou em *u*, e *topos*, "lugar", acrescidas do sufixo *ia*, indicativo de lugar.

6. Para definir o termo, o *Dictionnaire de Trévoux* (1704) remete a Morus e a Rabelais (que em 1532 narrou a pilhagem do país da Utopia) e fala de início de uma "região que não existe em parte alguma"; mas, pela primeira vez, aparece sobre a palavra esta indicação: "Diz-se por vezes, em sentido figurado, de um país imaginário, a exemplo de A *República* de Platão."

7. Ver, a propósito, B. Baczko, *Les imaginaires sociaux*, pp. 65-150, e G. Raulet, "L' utopie est-elle un concept", *Lignes*, nº 17, out. 1992, pp. 102-117.

1. Cidade Terrestre e Cidade Celeste

DO NOVO MUNDO GEOGRÁFICO À TRANSFORMAÇÃO DO MUNDO ATUAL

A utopia quer uma cidade *terrestre* perfeita. Assim, Utopia está no Novo Mundo. Mais: ela é o próprio "Novo Mundo"[1] no sentido de que, tida como descoberta por Rafael Hitlodeu, navegador-filósofo, na seqüência das viagens de Vespúcio, expressa o que o mundo pode vir a ser e que é a sua verdade. Com Utopia, trata-se com efeito de toda a terra e de todos os homens e não apenas da América: as culturas romana e egípcia figuram entre suas origens (*U.*, p. 445); Hitlodeu constatará o que seus habitantes devem à língua e ao pensamento gregos e a que ponto o cristianismo se aproxima da "crença mais importante entre eles" (p. 593). O novo continente, a "América", tinha sido explicitamente reconhecido em 1507.[2] Mas a descoberta do "Novo Mundo", enquanto tal, completa-se na descoberta de Utopia.[3] Rafael, que teria acompanhado Américo Vespúcio nas suas três primeiras viagens e, ao final da última, não teria retornado a Lisboa com o restante da expedição, volta finalmente a Portugal, mas pelo Oceano Índico, depois de descobrir Utopia. Assim, Hitlodeu é o primeiro europeu a completar a volta ao mundo de leste a oeste, vários anos antes de Juan Sebastián el Cano, lugar-tenente de Fernão de Magalhães (de 1519 a 1522). O mundo torna-se então um e o homem pode alcançar o Velho Mundo a partir do Novo sem voltar sobre os próprios passos, sem que haja, na pior das hipóteses, fracasso, como na última expedição de Vespúcio, ou, na melhor, descobertas, quer dizer mudanças, como nas anteriores. Só existe um mundo, que de Velho pode tornar-se Novo. E Utopia não é tanto país do Novo Mundo quanto nova imagem do mundo.

No momento em que *A Utopia* era redigida, empreendia-se a integração política, econômica e religiosa da América através do processo de colonização.[4] As *Quatro navegações* de Vespúcio descrevem bem as motivações dos europeus: o objetivo é a exploração direta ou um comércio em termos totalmente desequilibrados. Assim, as próprias relações amistosas, quando existiam, visavam antes de mais nada às trocas ("...acabamos por nos tornar amigos. Durante cinco dias comerciamos...").[5] Mas Hitlodeu não é Vespúcio. Vindo com os invasores, conseguiu "à força de amabilidades" se fazer aceitar pelos habitantes da região onde foi deixado: "Toda hostilidade desapareceu entre eles" (*U.*, p. 336) e ao mesmo tempo já não se trata de relações mercantis. Com sua amizade, um dos chefes do país provê-lhe dos meios necessários a uma viagem que o levará a Utopia. Nas condições dessa viagem Utopia já está de fato presente. É o Novo Mundo, no qual não se praticam tratados: "Como se a natureza não houvesse suficientemente estabelecido a união entre o homem e o homem!" (p. 562). Em Utopia, "a comunidade natural vale como tratado e os homens são mais fortes e intimamente unidos pela vontade de se fazerem o bem recíproco do que por pactos, pelo coração ou pelas palavras" (p. 566).

Assim, a cidade da Justiça e da Felicidade é Nova Terra e não cidade do Além. E é feita pelos próprios homens. *A Utopia* não é uma narrativa mítica, se por isso se entende, com Mircea Eliade, aquela que expõe "a história dos atos dos Seres Sobrenaturais".[6] Utopia deve sua existência unicamente ao trabalho, à exploração das circunstâncias por seus habitantes (pp. 442-446). E disso é prova sua fundação, ela mesma trabalho (que transforma a península inicial numa ilha) e trabalho humano (os antigos habitantes, vencidos, buscando um acordo com os soldados vencedores), sob a direção única de Utopia na figura do Herói epônimo Utopus (p. 450). É cidade dos homens pelos homens e os Dirigentes que a governam não são nem deuses nem padres[7]. Estes, eleitos pelo povo, dedicam-se às cerimônias sagradas e, embora "exerçam uma espécie de censura de costumes", é "ao Governador e aos outros dirigentes que cabe reprimir os crimes e punir os culpados" (p. 606).

Não pode haver heresia em Utopia, cidade outra, cidade do Outro.[8] O limite da tolerância religiosa, que é ao mesmo tempo sua condição, é todavia o reconhecimento mínimo de uma "única divindade suprema à qual se deve a formação e o governo do universo" (p. 590), ou seja, Mitra, assim como da imortalidade da alma.[9] O pluralismo permitido de doutrinas religiosas não leva por isso a uma indiferença teórica: "a existência de uma divindade única, não conhecível, eterna, infinita, difusa em todo esse universo por seu poderio e não por sua massa e cuja natureza escapa a toda explicação porque ultrapassa as capacidades de compreensão do espírito humano" (p. 590) é uma crença à qual preferencialmente conduz a razão. Assim, a razão leva para além dela mesma. Mas nem por isso desaparece: de um lado, a superstição é condenada; de outro, os ateus têm o direito de disputar com os padres e os "espíritos sábios e ponderados" (p. 598).

Os habitantes de Utopia louvam a Deus em especial por tê-los feito nascer ali. Mas por ser conforme à razão utópica admitir os limites da razão, só por falta de indicações divinas contrárias é que os habitantes de Utopia se sentem autorizados a reconhecer sua comunidade política como a mais feliz de todas. Utopia funda-se no silêncio de Deus. E isso vale também para sua própria religião, que só é "a mais conforme à verdade" com a ressalva de que não haja, nas várias religiões do Velho Mundo, "alguma coisa que satisfaça [os] impenetráveis desígnios [de Deus]" (p. 618).

Thomas Morus, canonizado em 1935, quis que sua morte fosse testemunho de sua fé, recusando-se a ratificar o golpe de força de Henrique VIII contra Roma e sua vontade de ser Chefe Supremo da Igreja Anglicana: "Morro como súdito leal do rei, mas de Deus primeiro."[10] Sua ortodoxia religiosa foi condição para o nascimento da utopia: para que Utopia, cidade terrestre perfeita, fosse possível, foi preciso primeiro que se distinguissem nitidamente Terra e Céu e que assim o Reino de Deus não pudesse ser esperado neste mundo. Esse pensamento religioso não é certamente utópico: o Além é seu princípio e o conteúdo da Esperança é o objeto de uma adesão que exclui a imaginação por princípio. Mas precisamente com isso ele dá mais espaço à utopia do que os utopismos que vêem a felicidade e a justiça *aqui embaixo* com a chegada do Reino de *Deus* sobre a terra.

PROFETISMO E MESSIANISMO JUDAICOS

A perspectiva central é aqui a da abertura do tempo num Devir cujo sentido é dado pela Aliança (*berit*) e a Profecia: a Aliança pela qual o homem se associa a Deus na edificação de uma cidade cujo plano é conhecido como Torá, a Lei; e a Profecia que faz do diálogo com Deus — que na Aliança é promessa e dever — uma experiência (*yedia*) original, conhecimento de tipo amoroso no qual não entra a razão. O judaísmo produz nesse quadro, como figuras da "terra prometida onde correm o leite e o mel" (*Êxodo*, III, 8), imagens de acabamento e de reconciliação, expressões do desejo do Fim, que apresentam com força singular a idéia de uma história universal que se desenrola segundo o plano de Deus, tendo a Terra por horizonte. É assim no *Deutero-Isaías*,[11] texto redigido nos últimos anos do exílio em Babilônia, no século VI antes de nossa era, por um autor desconhecido que, na perspectiva escatológica dos Fins últimos, anuncia o Dia de Jeová, em que Deus, depois de ter punido seu povo que o abandonou, institui seu reino em Sion, Jerusalém reconstruída. Trata-se de uma "nova era", de um novo "Eon". A literatura profética, de maneira geral, exprime, sob formas que não são sempre imediatamente escatológicas, a crítica da tirania e da riqueza, que faz par com a aspiração a um mundo de harmonia e de eqüidade.[12] O horizonte é sempre social. Nesse contexto surge o personagem humano do "Messias" (*Mashiakh*; em grego *Christos*, o Ungido), filho de Davi, rei nacional de um reino que deve imanentizar a transcendência, o reino de Deus sobre a Terra. A dimensão sobrenatural, celeste, do processo é mais esclarecida em outros textos. Assim, no século II, quando da guerra dos selêucidas da Síria contra os judeus da Palestina, é escrito o Livro de Daniel. Em sonho, Daniel tem a "revelação" ("apocalipse") da vinda do Céu daquele que é "como um Filho do Homem" (VIII, 13) e que reinará sobre todos os povos eternamente.[13] Num prolongamento do caráter celeste do "Filho do Homem" de Daniel, os Apocalipses, entre o século II a.C. e o século I d.C., tendem a valorizar o caráter igualmente celeste do novo mundo, apelando com isso à sistematização de sua oposição ao antigo, Reino dos Anjos Maus e de Satã (cuja figura deve muito à influência do dualismo iraniano).[14]

O "milenarismo" inscreve-se entre essas duas concepções do Reino futuro, uma considerando que o *Eschaton* concerne a Israel e à Terra e a outra, que se trata do reino de Deus: sobre uma terra renovada, os Justos são chamados a triunfar e os ímpios a serem castigados durante um determinado período (de 400 ou mil anos) antes do mundo novo que se seguirá ao Juízo Final. Em todo caso, a iminência desse desenrolar se mede sempre com o crescimento do Mal, das desordens humanas e cósmicas que, paradoxalmente, são portanto outras tantas razões para esperar. E a espera é temporalizada, porquanto o Outro mundo não está num outro plano, num dualismo metafísico, mas é anunciado como recriação no prolongamento do tempo.[15]

A Apocalíptica judaica alimentará os combates contra os romanos no primeiro século de nossa era. Por exemplo, a revolta dos zelotas, que terminará com a destruição do Templo de Jerusalém em 70 d.C. E Simão bar-Kochba, que liderou a última guerra de independência judia em 131 d.C., foi ainda considerado um "Messias". Numa outra perspectiva, comunidades constituíram-se a fim de se preparar para o fim, como a dos essênios, fundada pelo "Mestre de Justiça" (morto entre 63 e 65 a.C.), que praticava a comunhão de bens como prefiguração da vida angélica revelada. Analogias foram assinaladas entre suas doutrinas e as do cristianismo primitivo. No entanto, com este último, o *Eschaton* e o Messias mudam radicalmente de conteúdo.

AS VIAS ANTIUTOPISTAS DA ORTODOXIA CRISTÃ

É provável que Jesus, historicamente, tenha sido de início considerado pelos judeus como um desses messias que anunciavam a iminência do Reino de Deus[16] em mensagens de conteúdo revolucionário e social.[17] O caráter subversivo de sua palavra para as autoridades romanas e sua colaboradora, a casta sacerdotal dos saduceus, fez dele um mártir. O cristianismo nasceu da crença na sua ressurreição, sua crucificação tendo sido interpretada como a expiação prévia anunciada pelos profetas. O Cristo deixou de ser o Messias judeu, cuja morte teria significado o fracasso.[18] As primeiras comunidades cristãs prepararam-se por conseguinte para o seu retorno à glória (*Parusia*), que seria o início do *Eschaton* prometido. E seu comunismo compreende-se por essa percepção do caráter transitório do momento: a comunhão dos bens representa a fraternidade do mundo por vir, segundo o princípio de a cada um "segundo suas necessidades" (*Atos dos apóstolos*, IV, 34-35);[19] mas esses bens não têm que ser produto do trabalho, porque matéria, corpo, necessidades estarão em breve transfigurados.[20] Da mesma maneira, a abolição da família permite que as pessoas se tornem mais disponíveis, ao mesmo tempo que antecipa as relações humanas do futuro.[21] O Amor é o princípio, mas princípio que se aplica no seio da comunidade e que faz par com uma atitude de hostilidade radical às forças naturais e sobrenaturais que se opõem à soberania do Deus de Israel. Assim, a *Urgemeinde*, comunidade primitiva cristã, manifesta conteúdos utopistas. Explorando a herança de sete séculos de messianismo e de lutas sociais e nacionais dos judeus, exprime uma alteridade cujo conteúdo, na sua transfiguração, é material e remete às exigências populares, ao mesmo tempo que a uma necessária ruptura fundadora. A esse utopismo articula-se o da ausência de consideração das condições reais de existência do ideal, que não poderiam certamente ser pensadas na Palestina do século I; mas a expressão religiosa mascara isso, ao se apresentar como moldura para as aspirações de igualdade e democracia econômica dos mais explorados.

A catástrofe do ano 70 destruiu essa primeira forma de Esperança. E o cristianismo desenvolveu-se numa outra direção, sob o impulso de Paulo: o *Eschaton* foi incluído na vinda de Cristo como "Filho de Deus", tendo sido precisamente seu início.[22] Como a "Boa Nova" era apenas para Israel, a Paixão torna-se salvadora para todos os homens, pela Graça e pela Igreja, novo Povo de Deus.[23] A nova vida da Ressurreição em Cristo, experiência presente e não futura, não precisava pois de nenhum transtorno material e social. Essa escatologia opõe-se à perspectiva utopista precedente porquanto a via do Outro Mundo é a conversão interior e não a constituição de uma Nova Terra, quer dizer, de Novos Céus. Esse é o sentido da frase que Lucas atribui a Jesus: aos fariseus que lhe perguntam sobre o momento em que chegará o Reino de Deus, Jesus responde que "o Reino de Deus está entre vós".[24] O autor desconhecido da *Carta a Diogneto*, do século II, exprime isso assim: "A alma habita o corpo e, no entanto, ela não é do corpo; da mesma forma, os cristãos habitam o mundo e, no entanto, não são do mundo."[25]

Em conseqüência, o mundo abre-se à utopia, à possibilidade de uma perfeição terrestre própria, sob o registro da antropocracia. E todavia não há utopia propriamente dita ao longo de toda a Idade Média: as narrativas, ao introduzirem o leitor numa ilha do fim do mundo, como a do abade irlandês Brandan, mostram-na como Paraíso terrestre acessível apenas aos santos, não como construção humana, social e política perfeita. É que era preciso ainda esperar a "*Humanitas*" do Renascimento para que a Redenção fosse compreendida como Salvação de todos os homens, e não apenas dos cristãos aos quais está reservado o Reino de Deus, para que os homens em geral, incluídos portanto maus e pecadores, dispusessem com a Utopia de uma via terrestre de perfeição (*U.*, p. 434).

Foi preciso, para esse pensamento da Humanidade, romper com interpretações antigas do sentido da cidade terrestre após a vinda do Salvador. Entre elas, a mais importante e que sem dúvida mais marcou Thomas Morus foi a de Agostinho. Após a tomada de Roma por Alarico em 410, acontecimento sem graves conseqüências políticas imediatas mas que colocou diretamente em questão o sentido da história e o da esperança cristã, santo Agostinho redigiu a *Cidade de Deus* (413-427).[26] A "cidade terrestre" é apresentada aí como a dos homens unidos pelo amor comum das coisas temporais, enquanto a "cidade celeste" une os que amam a Deus.[27] Essas duas cidades não podem se identificar para ele, cada uma tendo por finalidade a paz mas em ordens diferentes: seja a ordem fundada no domínio e desfrute das coisas materiais, ordem aparente que autoriza a tirania; seja a ordem verdadeira, que assegura o desfrute de Deus na liberdade cristã. Em suas formulações mais incisivas, Agostinho reencontra a expressão do maniqueísta que ele foi, opondo essas duas cidades como o Bem e o Mal, assim como se opõem o Deus da Luz (*Ormuzd*) e o das Trevas (*Ahriman*). Mas santo Agostinho rompeu com o maniqueísmo: os cidadãos celestes, enquanto homens, têm parte nos bens materiais como os cidadãos terrestres. Uns e outros vivem em Estados, cidades concretas que só se identificam com a entidade mística "cidade terrestre". O que muda tudo é a finalidade dos atos, que podem exteriormente ser os mesmos, com os bens que valem como fins para a cidade terrestre só valendo como meios para a cidade celeste.

Assim, a propriedade é condenável para santo Agostinho como fim em si. Mas é legítima se relacionada ao único verdadeiro proprietário, Deus, e usada conseqüentemente em função do amor de Deus. Por direito, portanto, só os Justos deveriam possuir. Todavia, uma revolução que levasse a isso não é absolutamente desejável, pelas desordens que induziria nos Estados concretos, e a perspectiva da posse justa concerne apenas a cidade celeste e acabada por vir. De uma maneira geral, as leis dos Estados, embora concebidas com uma finalidade terrestre, devem no entanto ser respeitadas pela ordem que produzem e que afasta da anarquia, estado perfeitamente diabólico, isto é, etimologicamente, que separa, mas ordem que deve todavia ser percebida como relativa e incluída na ordem absoluta da cidade celeste. O Império Romano perdeu-se por considerar sua lei e sua paz como o Absoluto. Em nome dessa necessária coexistência, a autoridade religiosa pode mesmo apoiar-se na autoridade civil para seus próprios fins, por exemplo a repressão das heresias que colocam em perigo a unidade da Cidade de Deus, apegando-se à sabedoria revelada que é a sua lei constitucional. Não se deve, porém, identificar a Cidade de Deus a tal ou qual governo teocrático, num "agostinismo político", por exemplo medieval, nem mesmo com a Igreja. Esta é certamente dita "Reino do Cristo" (XX, 9, 1), enquanto sociedade humana que trabalha para construir a Cidade de Deus, mas todos os seus membros não são, apenas por isso, eleitos; e fora dela (isso somente antes de sua constituição) há Justos ou futuros Justos. O tempo da Igreja coincide com o reino milenar inaugurado pela vinda do Cristo. Mas é após esse mundo que, preparada e edificada nele, a Cidade de Deus aparecerá em sua completude total.

Há um utopismo em santo Agostinho na absolutização do ideal social, no seu conteúdo de fraternidade contra o culto do Poder e da Dominação dos Estados atuais. Seu horizonte é o fato de que, contrariamente à Cidade de Deus de Paulo, a de Agostinho, embora se oponha à cidade terrestre, é no entanto, em sua imagem inicial, da Terra.[28] Esse "além na terra" precisa de um "adiante" para se completar. E uma história da Salvação se estrutura sobre essa base, escandida pelo combate entre as duas cidades, na qual a humanidade aparece como uma pessoa única, evoluindo por uma iluminação progressiva rumo à sociedade final dos santos, os eleitos do passado, do presente e do futuro. O utopismo é aí então combatido pelo fato de que a Cidade de Deus, primeiro, surge em cada momento da história como transcendência reservada aos eleitos predestinados, realizada pela Graça divina, da qual a liberdade humana pode solicitar o socorro e para cuja ação ela deve cooperar, sem poder esperar alcançar o Bem por suas próprias forças; e, segundo, pelo fato de que a vitória final do Bem é o termo da construção progressiva da Cidade de Deus de acordo apenas com os desígnios da Providência.

Este utopismo não se aproxima, pois, da utopia, ao contrário; se nas modalidades terrestres a perfeição pode começar a ser atingida pelos cristãos, isso fecha o horizonte da utopia como cidade propriamente humana. Às duas cidades agostinianas precisará

Morus acrescentar uma terceira: uma Cidade terrestre que abra a via da perfeição para todos os homens, sem distinção. Isto posto, a matriz essencial do utopismo cristão na Idade Média não é *a Cidade de Deus*. É, ao contrário, em ruptura com seu ensinamento e também com o de Paulo que se colocam os movimentos que, em parte reatando com o cristianismo primitivo e certas fontes do judaísmo, constituem o que se designa pelo nome genérico de "milenarismo" e nos quais afloram os mais característicos traços utopistas.

O MILENARISMO JUDAICO-CRISTÃO

O "milenarismo", isto é, tomado em seu sentido geral, o conjunto dos comportamentos ligados à perspectiva da vinda iminente do Reino de Deus sobre a Terra, foi formalmente condenado pelo Concílio de Éfeso (431) como superstição. As imagens concretas do *Apocalipse* de João são a sua primeira referência. João vê o Cristo de volta vencer a Besta (o poder temporal, Roma), enquanto Satã é acorrentado por 1.000 anos. Os Justos ressuscitam e reinam com o Cristo durante esses 1.000 anos, ao final dos quais Satã é libertado para um último combate e a derrota eterna. Todos os mortos ressuscitam a partir daí para o Julgamento Final. E João vê "um novo céu e uma nova terra, porque o primeiro céu e a primeira terra tinham passado" (XXI, 1-2). Ele ouve a voz que diz: "Eis a morada de Deus entre os homens; ele morará com eles e eles serão seu povo e o próprio Deus estará com eles." Seguindo essa tradição, Irineu de Lyon, no século II, descreve em detalhe o fim do mundo, Tertuliano (séculos II-III) sensibiliza-se com o montanismo (de Montano, que se proclamou encarnação do Espírito Santo) e Lactâncio vê, no século IV, que à chegada do Cristo o sangue dos descrentes correrá em abundância e que então por 1.000 anos "a terra produzirá todos os frutos sem a ajuda do trabalho humano".[29] Paralelamente à escatologia joânica, uma outra escatologia alimenta a esperança popular antes da *Utopia*: a espera, a partir do século IV, do "Imperador dos Últimos Dias", cujos textos sibilinos, como a *Tiburtina* ou o *Pseudo-Metódio*, que bebem numa literatura judaica helenizada que pretendia transcrever os discursos das profetisas inspiradas, dizem que ele trará a Idade de Ouro pela reunificação do antigo Império Romano. O lado terrestre, material, do milenarismo é aqui particularmente evidente na filiação da figura do "Filho de Davi", rei nacional do messianismo judaico.

As heresias da Idade Média, alimentadas por essas visões, formam o esqueleto ideológico da contestação social que induz, a partir do século XI, a uma transformação econômica radical no corredor França-Alemanha.[30] O conteúdo social do utopismo encontra-se aí absolutizado pela condição atribuída aos Pobres, eleitos de Deus para realizar o Milênio. Mas, ao mesmo tempo, a negatividade utopista toma aí uma forma agressiva, que leva a massacres de ricos, padres, judeus e muçulmanos, considerados servidores do Anticristo.

Nessa ambiência milenarista, o padre e eremita calabrês Joaquim de Flore (1145-1202) introduz uma nova perspectiva fundamental. Ele desenvolve a idéia de um "Terceiro Testamento" na *Concórdia dos dois Testamentos* e anuncia em conseqüência uma "terceira era", a "era do Espírito", que deve suceder à "era do Pai" (*Velho Testamento*) e à "era do Filho" (*Novo Testamento*): após o medo da Lei, após o Amor no seio da Igreja, deve vir a iluminação de todos numa democracia mística, um comunismo monástico sem príncipes nem igrejas, onde o próprio Jesus deixa de ser um chefe para se integrar à "*societas amicorum*". E o tempo está próximo: exatamente 1260 devia marcar a sua chegada. Os flagelantes deram testemunho da exacerbação da espera e, passada a data fatídica, continuaram suas procissões em diversos países da Europa, reanimadas pelo anúncio de catástrofes que seriam um prelúdio do Fim (como a peste negra de 1348-1349) e tomando cada vez mais um caráter social e revolucionário. Franciscanos extremistas (freqüentemente designados pelo termo "Espirituais"), como Pierre Jean Olivi, retomaram o essencial da mensagem joaquinista. O movimento dos Apostólicos, de Gerardo Segarelli, de Parma, morto na fogueira em 1300, e de frei Dolcini de Novara, queimado em 1307, foi considerado por Karl Kautski, nesse sentido, como o primeiro levante comunista do Ocidente.[31]

Sabe-se o papel primordial que o joaquinismo desempenhou na constituição das filosofias da história, em particular na de Vico: a progressão trinitária dos estados do mundo introduz à constituição de Deus em História, o que vai bem além de um simples providencialismo ou mesmo de uma apresentação temporal da Eternidade divina. O joaquinismo, desse ponto de vista, não é um utopismo: a maturação do tempo é tudo aí; a perfeição é final, mesmo que o Fim, na verdade, já esteja contido no começo.[32]

Antes da *"Humanitas"* do Renascimento, que autoriza uma perfeição social própria ao homem tal como ele é, era preciso que o homem fosse conduzido por Deus para conhecer a cidade justa e feliz sobre a terra. A heresia dos "Irmãos do Livre Espírito", a partir do século XIII, vê uma outra solução: o homem pode ser Deus, talvez mais que Deus. Beatos e beatas manifestaram de formas diversas esse "Livre Espírito", pelo menos parcialmente. O seu fundo teórico é um panteísmo de tipo neoplatônico (cuja referência se atribuiu, com ou sem razão, a Amauri de Bene). A essência de Deus é a essência eterna das coisas, cujas existências são emanações. Ao Fim dos tempos, tudo voltará a ser absorvido em Deus, no Todo, não subsistirá nenhuma emanação, nenhuma existência separada. Tal é, já, o quinhão das almas humanas no momento da morte corporal. Ora, os Irmãos do Livre Espírito pretendem, antes da morte, voltar a Deus, ser Deus, talvez para além de Deus compreendido como o Deus separado dos cristãos. Em uma iluminação definitiva, o adepto do Livre Espírito vê-se pois definitivamente esclarecido por Deus, porquanto Deus ele mesmo. A conseqüência prática é o fim do pecado, em particular nas relações sexuais, e o direito absoluto a tudo o que é desejado, porquanto se trata de desejos divinos. Esse amoralismo envolve a autorização para a exploração da parte "pobre de Espírito" da humanidade, a que não soube desenvolver seu ser divino. Mas ao mesmo tempo, com base em uma apologia da pobreza redentora de que são Francisco foi o grande representante e que em geral animou os grandes movimentos heréticos da segunda metade da Idade Média, certos espirituais, a partir do século XIV, não fizeram mais da riqueza seu inimigo, mas sim a propriedade privada. Para eles, o estado de perfeição, de inocência, não podia com efeito se acomodar à propriedade privada: o homem livre tem direito a todos os bens, uma vez que em Deus nada pode ser senão comum e que a separação é imperfeita.

Era uma subversão radical da interpretação ortodoxa cristã do comunismo original. A teoria patrística, influenciada pela filosofia estóica, distinguia com efeito, pelo menos desde o século III, o estado natural fundado na Lei Natural, expressão imediata da vontade divina, e o estado atual resultante da Queda. Desigualdades, escravidão, governos coercitivos e propriedade privada, característicos do segundo, eram certamente pensados como sinais da injustiça por autores como santo Ambrósio, mas também como meios de controlar e manter a natureza doravante corrompida do homem e, portanto, legitimados por ela.[33] Mas o mundo no qual pretendem viver os "Sutis de Espírito" é definido como idêntico ao de Adão e Eva no Jardim do Éden, estado de inocência que exclui o seu e o meu, porque ainda não é o do pecado (o que levará, ademais, vários adeptos ao culto adâmico da nudez). Nesse milenarismo radical, assim, o tempo desapareceu, nada mais está por vir (o Fim dos tempos não está próximo mais; ele já chegou, estamos nele), e seu desdobramento passado, com seus momentos mediadores, é como que anulado pela reiteração da origem. Nesse avanço extremo, o milenarismo é perfeitamente utopista.

A vontade de viver imediatamente a igualdade e o comunismo da inocência é subjacente a várias revoltas populares do fim da Idade Média, como por exemplo a dos camponeses ingleses em 1381. As crônicas relatam que John Ball, em seus sermões, apoiava-se num texto já proverbial na época: "Quando Adão roçava e Eva fiava, onde estava o nobre?"[34] E as especulações das universidades podiam servir de referências. Assim, Wycliff (c. 1320-1384),[35] no seu tratado *De civili dominio* (1374), deduziu como lógica a necessidade da comunhão de bens no mundo da Salvação (que não pretendia, decerto, fosse o da sociedade secular): todo homem em estado de graça é mestre do mundo, segundo as Escrituras; "mas, em razão do grande número de homens, isso só se produzirá se eles entrarem todos em comunhão: portanto, tudo deve ser propriedade comum".[36] Morus viu efeitos das doutrinas heréticas de Wycliff em W. Tyndale (1494?-1536), cujas idéias ele combateu na sua defesa intransigente da ortodoxia. Foi ainda o desejo do comunismo primitivo que, no taborismo, determinou a compreensão das escatologias joânicas e joaquinistas. Em seguida ao movimento de reforma religiosa de Jan Hus e num clima de luta nacional, operários, camponeses, desempregados e marginais se radicalizaram na Boêmia a partir de 1419 e constituíram comunidades à semelhança da comunidade cristã primitiva. A mais importante chamou-se Monte Tabor, do nome da montanha onde Cristo anunciou sua segunda vinda (*Marcos*, XIII). Essas comunidades lutavam por uma sociedade sem classes, contra um inimigo que, mais que o antigo senhor feudal, era antes de tudo o rico cidadão, o mercador.

Em Florença, Girolamo Savonarola (1452-1498) também quis mudar a Igreja corrompida, cujo símbolo desprezível era o papa Alexandre VI, e ao mesmo tempo a sociedade de injustiça e libertinagem dos Medici. Para isso empreendeu a reforma de Florença, com o objetivo de que se transformasse, como cidade perfeita, num processo utopista modelo para a Itália e depois para o mundo inteiro. A profecia do dominicano de São Marcos anuncia a "quinta era" (após a dos apóstolos, a dos mártires, a dos heréticos e a dos fracos) numa cidade cujo verdadeiro chefe é o Cristo. Essa cidade, cuja chegada Savonarola se esforça em apressar, primeiro sob os Medici, depois saudando o rei Carlos VIII de França (que entrou em Florença em 17 de novembro de 1494) como enviado de Deus para regenerar a Itália e, por fim, no governo que exerce após a saída dos Medici e o fracasso francês, essa cidade é terrestre. A prova disso é a referência constante aos *Salmos* e aos profetas judeus. Seu ideal econômico é o desenvolvimento do comércio e da indústria, com o controle de gastos e parcimônia, a condenação do luxo e do supérfluo. O povo, claro, não é chamado a tomar o poder,[37] mas pretende-se beneficiá-lo com uma melhor distribuição da riqueza. A chave da reforma é moral e religiosa e consiste numa crítica do humanismo[38] e da heresia religiosa, numa busca cada vez mais exacerbada da virtude pela obediência aos mandamentos divinos. As manifestações disso foram a destruição da arte mitológica, de obras consideradas impudicas, a delação organizada, a polícia de costumes etc. Savonarola, produto de Florença, foi abandonado por ela quando, sob pressão do papado, a cidade teve que escolher entre escatologia e consolidação das reformas. Savonarola foi enforcado e levado à fogueira em 23 de maio de 1498.

Contra a Igreja de Roma, antes da *Utopia*, o utopismo religioso se manifestou pois de múltiplas maneiras. Muitos outros movimentos poderiam ser mencionados.[39] E ainda bem depois de 1516 o milenarismo se afirma como via preferencial do utopismo. Esse é o sentido das revoluções européias induzidas pela difusão do luteranismo, como a "Guerra dos Camponeses" na Alemanha a partir de 1524, de que T. Müntzer (1489-1525) foi a figura símbolo, ou a tomada do poder em Münster, Westfália, pelos anabatistas, como Rothman, Matthys e João de Leyde, que queriam transformar a cidade em Nova Jerusalém. Essa também foi a perspectiva dos Radicais ingleses (Niveladores, Divagadores, Quacres etc.) durante a Revolução inglesa do século XVII. Sabe-se, enfim, que Engels, no século XIX, prestou importante homenagem às comunidades religiosas que tentaram estabelecer na prática o valor das idéias comunistas.[40]

Todo desvio herético não se constitui, entretanto, em esperança da Cidade de Deus sobre a Terra. Mas, enquanto afirmação de uma negação, há utopismo em cada um deles. A esperança da Cidade de Deus sobre a terra pode, porém, assumir uma outra via utopista marginal, não herética: o ideal monástico, que não é mais utópico em sentido estrito.

O CENOBITISMO

A comunidade de Utopia é regrada pela razão. E por isso Utopia não é um mosteiro, mesmo se aqueles que querem devotar toda sua vida a Deus, como os butrescos (*U.*, pp. 602-605), tenham aí seu lugar, de certa forma privilegiado. A vida monástica é, segundo santo Agostinho, uma manifestação prioritária da Cidade de Deus no presente. É que, como diz dom C.J. Nesmy, "a comunidade monástica oferece (...) nesta terra uma imagem imperfeita mas real da vida de bem-aventurança que, na verdade mas em menor grau, toda a comunidade dos crentes deveria oferecer ao mundo, se pelo menos fosse uma comunidade...".[41] Se o ideal monástico oferece com efeito, a quem aspira à união com Deus, um modo santo de vida como preparação para a vida por vir no final dos tempos, é porque consiste numa "imitação de Jesus": trata-se não apenas de seguir os "preceitos" evangélicos, mandamentos que se impõem a todo cristão, mas também os "conselhos", práticas não indispensáveis para garantir a salvação mas que exprimem um amor mais perfeito, mais total, por Deus. E é por isso que Utopia não pode ser identificada a uma espécie de mosteiro: por um lado, ela é perfeita em seu gênero, terrestre, e não "imagem imperfeita da vida de bem-aventurança"; por outro, a dedicação total a Deus de alguns de seus membros não é apresentada em nenhum momento como modelo social, como ideal e regra em Utopia, embora seus habitantes tenham "admiração e veneração" pelos butrescos. A Cidade de Deus de Agostinho (e, neste sentido, a vida monástica) tem vocação universal e J. de Flore vê a era do Espírito Santo em uma democracia monástica generalizada; mas a vida dos "religiosos" em Utopia, como de resto, na verdade, o ideal monástico no Velho Mundo, é apenas via de acesso a Deus, ainda que privilegiada. Utopia não é um mosteiro e não tem mosteiros, porque Utopia é, por si mesma, comunidade perfeita. No entanto, Campanella, Mably (1709-1785), dom Deschamps (1716-1774), Cabet (1788-1856) etc. viram as instituições monásticas como modelos. Em que, pois, a elas se relaciona o utopismo especificamente?[42]

Antes de tudo, pelo fato de que o mosteiro aparece como lugar de uma forma social outra, em ruptura com a sociedade global. Isso vale, naturalmente, apenas para o cenobitismo, forma comunitária do ideal monástico. Mas que esta forma, no cristianismo, tenha nascido com Pacômio, no século IV, no prolongamento teológico e prático de uma outra, a dos anacoretas (monges solitários segundo o modelo de Antônio [251-356], pai dos eremitas), indica imediatamente que, se o tipo de sociedade oferecido por um mosteiro pode apresentar semelhanças com o de uma cidade utópica, não tem a mesma estrutura essencial: a comunidade dos monges só tem sentido pelo que a ultrapassa infinitamente e que o indivíduo pode esperar atingir de forma mais perfeita. Claro, é a salvação de toda a humanidade que está em jogo, o ideal monástico não é egoísmo: a prece do monge é para cada um dos seres humanos. Mas é, na essência, relação privilegiada e singular de uma criatura com seu criador. É por isso ademais que, se o ideal monástico é tributário do espírito da primeira comunidade cristã de Jerusalém, não é porém uma simples conseqüência dela, pois procede antes de tudo da separação, do afastamento em relação à sociedade humana e também às formas institucionais da Igreja, numa modalidade que foi na origem largamente individual antes de se constituir um fim possível de alternativa social.

O "Deserto" não é então, ao menos, uma imagem da ilha de Utopia? As significações são, de fato, bem diferentes. O Deserto é, para os Padres do Egito e seus discípulos, o lugar de recolhimento dos demônios após a Redenção, onde convém enfrentá-los num combate final. Se o horizonte da fuga ao mundo é a paz de Deus, esta fuga está portanto longe de assegurar, por si mesma, a tranqüilidade. Ela livra apenas das preocupações terrestres, permitindo apegar-se às realidades divinas e combater o Diabo em nome de toda a humanidade e para a sua salvação. Como campo de presença da transcendência e como lugar de uma luta, pelo menos inicial, o Deserto não é pois, rigorosamente, utópico. Deve-se compreender o cenobitismo nesse quadro — sua vocação é facilitar o sucesso do empreendimento eremítico. A instituição do claustro protege com efeito contra a sociedade exterior, ao mesmo tempo que propicia uma ajuda mútua material e espiritual que a auto-suficiência visada tem por função garantir. Tal é o sentido do amor, princípio de unidade que o *Praeceptum* (391), elemento maior da Regra agostiniana, coloca como primeira exigência da vida conventual. Esses pontos são utopistas. Mas a solidão continua a ser, no próprio seio do mosteiro, o que o monge procura. E o amor que padres e freiras se devotam origina-se no Ser transcendente por uma relação toda pessoal. Em conseqüência, são Bento, por exemplo, promove o silêncio à condição de virtude cardeal.

Assim, no conjunto, o ideal monástico não é utópico. Mas é a presença do utopismo na Idade Média, e presença forte, porquanto sua existência é prova de que uma outra vida é doravante possível. Mas essa presença é de alguma forma forte demais, na medida em que, como a esperança milenarista, se bem que em outro sentido, ela também fecha o espaço a uma nova Terra imaginária e racionalmente produzida, de conteúdo humanista. Isso posto, o utopismo religioso, em particular nas suas formas milenaristas ou monásticas, só é encontrado no judaico-cristianismo.

ISLÃ E CIDADE CORÂNICA

O islamismo (em sentido próprio, atitude religiosa de submissão a Deus) pregado por Maomé na Arábia do século VII tende a fundir o espiritual e o temporal no projeto de uma cidade terrestre a ser constituída com base nas revelações de Deus (*o Corão*) ou de seu Profeta (o conjunto dos *hadith* ou *Sunna*). Ele se opõe portanto, em princípio, ao humanismo utopista. Entretanto, a absolutização dos valores sociais que afirma na noção central de *umma*, comunidade que funda o consenso (*ijma*) de todos os fiéis na superação do que separa as cidades terrestres, é típica do utopismo. Assim, se a propriedade privada é reconhecida de direito, é no quadro de sua função social, o que implica por exemplo a instituição da *zakat* (esmola legal cujo objetivo é superar parcialmente as desigualdades da sorte) ou os *waaf* (bens inalienáveis vinculados a fundações de interesse público), da mesma forma que é pecado a *riba*, vantagem pecuniária sem equivalente de serviços prestados.

De qualquer forma, a *umma* não é utopia em sentido estrito, pois não apresenta modelo de um Estado político unificado, com descrição detalhada e esquema institucional perfeito, intocável, mas se define como "querer viver em conjunto", sob as condições das regras morais (*akhlaq*) e sociais estabelecidas pelo *Corão* (*mu'amalat*), que convém tematizar em função do tempo e do lugar. Tal é a função do *ijtihad*, esforço de busca pessoal a partir das escrituras, constitutivo de uma jurisprudência.[43] Mas com isso, com essa valorização do julgamento prático humano, se legitima teoricamente uma crítica que a formação de quatro grandes escolas sunitas no século III da Hégira não conclui. É à comunidade dos fiéis, em último recurso, que cabe regular a validade do *ijtihad*. E uma vez que isso supõe o *ijma*, cada voz autorizada, suscetível por direito de rompê-lo, adquire uma importância decisiva. Mais amplamente, todo muçulmano está encarregado da "Imposição do Bem": cabe a cada um lutar contra os erros e abusos patentes. Utopismos, teóricos e práticos, gerados pelo Islã apoiaram-se nesses pontos de doutrina.

Assim, o movimento dos carmáticos, iniciado na Arábia no fim do século IX, levou à criação, no começo do século X, de um pequeno Estado em Bahrein no qual os bens eram propriedade comum e onde a posição social dependia do valor dos serviços prestados à comunidade. Uma espécie de neoplatonismo impregnava as crenças nessa sociedade. Alfarabi (872-950), considerado o primeiro grande filósofo muçulmano,[44] também na tradição platônica, foi o crítico das cidades degeneradas, pois que ignorantes. Ele pretende a *umma* dirigida por um Príncipe-Filósofo, *Imã*, Guia, que uma conjunção sem identificação (*ittisal*) une à Inteligência agente, 10ª Inteligência emanada do Ser Primeiro, doadora das Formas do mundo e de seu conhecimento pelo homem. Contrariamente ao sábio de Platão, o de Alfarabi não tem que engajar seu saber na gestão dos negócios públicos, dar-lhe uma dimensão propriamente política, mas levar os cidadãos à união com os seres espirituais numa cidade santa que corresponde ao que espera, na Terra, a escatologia xiita para os Últimos Dias, após a Parusia do *Imã* oculto.

O xiismo[45] é hermenêutico. Com Maomé, o "Selo dos Profetas", fecha-se para o Islã o ciclo da Profecia: a Lei de Deus é revelada. Ora, o xiismo assume que o ciclo dos Imãs sucedeu a Maomé como desvelamento do sentido interior, oculto, esotérico (*batin*) daquilo que a profecia, enquanto tal, só libera num sentido exotérico (*zahir*). Isso leva a reconhecer uma vocação do Imã bem diferente daquela atribuída ao Califa sunita, dirigente político e temporal: como *Awliya Allah*, "Amigo de Deus", ele é do Céu e da Terra, tendo que "relacionar" (*ta'wil*) a aparência literal a sua fonte e origem. Tal foi a missão, aos olhos do xiismo duodecimal ou imamita,[46] dos 12

Imãs a partir de Ali, genro do profeta. O décimo segundo, Maomé al-qûïm, fechou o ciclo. Ele entrou em 940 na "ocultação maior" e é atualmente invisível aos sentidos, embora presente no coração dos fiéis. Quando de sua Parusia como Imã da Ressurreição, Homem Perfeito, isto é, Paracleto, ele introduzirá ao sentido absoluto de todas as revelações.[47] A fé xiita no Imã oculto faz eco à espera geral do islamismo pelo Mahdi (o Bem Dirigido), enviado de Deus, cuja vinda traria no Final dos tempos Justiça e Perfeição.[48]

A UTOPIA CONTRA O UTOPISMO RELIGIOSO

Assim, de uma maneira geral e por vias bem diversas, fé e práticas religiosas são portadoras de utopismo. Mas todas por meio de movimentos que impedem a utopia propriamente dita de existir: o Outro Mundo, celeste ou terrestre, enquanto se origina numa transcendência divina, simultaneamente admite conteúdos de esperança utopista (essencialmente os de uma sociedade reconciliada) e torna vã a formação conscientemente imaginária de uma utopia como romance cujos atores não passam de homens que produzem uma ordem possível do desejo. Utopia não é Cidade de Deus sobre a Terra, numa descrição literária que anunciaria sua chegada mais ou menos próxima. Como prova a reação de Morus às notícias sobre revoltas no continente. No *Diário sobre Tíndalo*, IV,[49] numa extensa polêmica teológica, ele pretende analisar os erros religiosos, causas dessas revoltas, para que elas cessem. Raymond Ruyer tem razão de dizer que "a Cidade celeste bloqueia a utopia, precisamente por tudo que contém de utópico, de não espiritualmente religioso".[50] A utopia baseia-se numa distinção desses planos e Morus pagou com a vida sua recusa de ver Henrique VIII se tornar Chefe da Igreja da Inglaterra.

Isso posto, não será também possível uma outra leitura da *Utopia*? Não se pode ver nela uma introdução geral à transcendência, que ultrapassaria de longe ambições simplesmente terrestres? Nos nomes "positivos-negativos" que nela se multiplicam (o "Anidra", rio sem água; o "Acória", país sem terra; a "Alaópolis", cidade sem povo...) poder-se-ia reconhecer uma aplicação da dialética da afirmação (catáfase) e da negação (apófase) do Pseudo-Dionísio, o Areopagita (sécs. V-VI), ou o eco da "douta ignorância" de são Boaventura ou de Nicolau de Cusa.[51] No entanto, as realidades de que se trata aqui são realidades empíricas e nisso, com elas, é antes a própria matéria que aparece como infinita.

Há certamente "correspondências", para retomar o termo de M. Löwy, entre messianismo e utopismo. Não se pode assim negar que em autores como Walter Benjamin (1892-1940), Martin Buber (1878-1965) e evidentemente Ernst Bloch (1885-1977) as perspectivas se alimentam uma à outra.[52] Mas o essencial está além: do milenarismo à utopia há ruptura, incompatibilidade teórica. E é por isso que não se pode mais, a rigor, fazer da utopia um milenarismo simplesmente secularizado.[53] A utopia tem uma maneira perfeitamente nova de reivindicar a realidade, por motivo humano (assumindo, porque é preciso, a aparência de imaginação) e sobre a terra. Que relações essa maneira mantém, então, com o idealismo platônico?

NOTAS

1. "Jamais desejaria me afastar (de Utopia), senão para fazer conhecer esse Novo Mundo" (*U*, p. 442).

2. Quando Martin Waldseemüller, do círculo erudito de Saint-Dié, representa pela primeira vez o Novo Mundo separado da Ásia por um oceano nos mapas que acompanham a *Cosmographiae introductio* e que seguem às *Quattuor navigationes* de Vespúcio, a palavra "América" aparece como homenagem àquele cujos escritos tinham mais orientado o espírito para o reconhecimento do novo, embora ele mesmo, como Colombo em 1498 ou P. Martyr d'Anghiera em 1493, imaginasse o novo continente ao sul da Ásia e não muito mais a leste.

3. Assim, se foi preciso esperar a década de 1520 para que se operassem as rupturas que verdadeiramente descobriram a América para os europeus, como mostram B. e L. Benassar em *1492, un nouveau monde?*, Perrin, 1991, a imaginação utópica foi momento de recriação do tempo que fez de 1492 uma data símbolo.

4. De 1496 a 1519 formou-se um primeiro império espanhol numa extensão de 300.000 km^2. Lembremos que a conquista do Império inca (cujas instituições são por vezes comparadas às de Utopia, como o faz J. Servier, *Historie de l'utopie*, pp. 135-138) pode ser datada da batalha de 16 de novembro de 1532.

5. *O Novo Mundo*, p. 121.

6. *Aspects du mythe*, Gallimard, 1963. Nesse sentido, Raymond Trousson insiste, com razão, no caráter fundador da obra de Morus: "Em toda utopia, a Cidade, sua organização, seu devir terrestre são o essencial; ela é uma construção humana, fundada na crença da salvação do homem pelo homem, não pelo recurso a uma graça transcendente" (*Voyages aux pays de nulle part*, p. 59).

7. Assim, *A Cidade do Sol* de Campanella, ao contrário, não é bem utópica, porquanto seus habitantes estão em relação com Deus através do Metafísico, dirigente supremo e intermediário entre a vontade dele e a inteligência humana.

8. "Encontra-se aí", mesmo, "quem encare um homem que brilhou outrora, por suas virtudes ou por sua glória, não apenas como um deus, mas mesmo como o deus supremo" (*U.*, p. 590). Há nisso como que um eco das *Inscrições sagradas*, em que Evêmero (sécs. IV-III a.C.) via os deuses de seu Estado ideal, situado numa ilha do fim do mundo, como grandes figuras locais, príncipes elevados à condição de divindades.

9. Ver pp. 594-598 e 613. Dessa tolerância religiosa pode ser uma referência o *De pace fidei* (1453), de Nicolau de Cusa (1401-1464), que mostra a paz universal como possível pelo consentimento comum de todos os homens e na coordenação dos ritos e dos hábitos religiosos, se é verdade que, sob formas diversas, os homens jamais veneraram senão um único Princípio universal.

10. Citado por A. Prévost, op. c., p. 213. Em 1501, Morus fez um ciclo de conferências sobre o Pseudo-Dionísio, o Areopagita, e outro em 1503 sobre a Cidade de Deus de santo Agostinho. Antes de escrever *A Utopia*, passou quatro anos (de 1501 a 1505) na Cartuxa de Londres, onde adquiriu um conhecimento profundo da Bíblia, dos Padres da Igreja e dos Mestres em teologia.

11. Cap. XL-LV do *Livro de Isaías*.

12. "Enviarei um fogo a Judá e ele devorará os palácios de Jerusalém (...) porque venderam um justo por dinheiro e um indigente por um par de sandálias" (*Amós*, II, 5-6). O reino de Jeová "virá na seqüência dos dias" (*Isaías*, II, 2). Então, os povos "martelarão suas espadas para forjar enxadas e suas lanças para forjar foices" (ibid., II, 4). E a palavra de Jeová será ouvida: "Comprai e bebei, sem dinheiro e sem pagamento, vinho e leite" (ibid., LV, 1). Ver *Isaías*, XXIV-XXVII, XXXIV-XXXV; *Zacarias*, X-XIV, e *Malaquias*.

13. O "Filho do Homem" é uma figura familiar do mundo helenístico, a do Homem primordial. O mito é de origem indo-iraniana. O judaísmo tardio falará de um Adão preexistente à criação.

14. Podemos citar entre esses *Apocalipses*: o *Livro de Enoque*, do século II a.C.; os *Pergaminhos de Qumran*, o *Livro de Baruque*, do século I a.C.; e o *Quarto Livro de Esdras*, o Enoque eslavo, do século II d.C.

15. A ressurreição dos corpos (*Isaías*, XXVI, 19; *Daniel*, XII, 13, etc.) inscreve-se nesse contexto.

16. R. Bultmann mostrou como a pregação de Jesus "se faz no quadro das idéias e da concepção de mundo do judaísmo, mesmo quando em oposição à religião judaica tradicional" (*Le christianisme primitif*, Payot, 1969, p. 81). Ver *Marcos*, I, 15 e IX, 1; *Mateus*, I, 16-17. Em sua chegada a Jerusalém, a multidão aclama-o como "Filho de Davi" (*Marcos*, XI, 9-10; *Mateus*, XI, 1-11). Que o próprio Jesus tenha pretendido ser o Messias é outro problema.

17. "Felizes os que sois pobres", diz Jesus, "pois o Reino de Deus é vosso." (*Lucas*, VI, 20-21). Em *Lucas*, XXVIII, 22-25, o homem rico é condenado enquanto rico e não por ser pecador. Ver também *Lucas*, VI, 24-26 e XVI, 13: "Não podeis servir a Deus e ao dinheiro" (v. *Mateus*, XX, 25-27; XXIII, 11-12, etc.). Jesus anuncia: "Não vim trazer a paz mas a guerra" (*Mateus*, X, 34). Ver *Mateus*, XXIV, 26; *Lucas*, I, 52; IV, 18, etc.

18. *Atos dos Apóstolos*, II, 24, 32, etc. Paulo mostra como a idéia de um Messias crucificado é "escandalosa para os Judeus" (*Primeira epístola aos coríntios*, I, 22-23). Ver *Lucas*, XXIV, 25-27. Já se disse que Jesus fundiu as duas figuras ideais, a do Messias e a do sofrido Servidor de Deus (*Isaías*, XL-LV).

19. Ver também II, 42-47; IV, 32; *Lucas*, XIV, 33; XII, 33; XVIII, 22; *Marcos*, X, 17-26.

20. *Lucas*, XII, 23-24.

21. *Marcos*, III, 31-35; *Lucas*, XIV, 26; XX, 34-35, etc.

22. *Marcos*, I, 1; *Lucas*, III, 22. A expressão "Filho do Homem" perde com isso sua conotação celeste primitiva e passa a designar a natureza humilhada do Cristo.

23. Pelo batismo, o cristão tornou-se membro de um corpo místico. "Para formar um só corpo, todos nós, Judeus ou Gregos, escravos ou homens livres, fomos dotados de um só Espírito" (Paulo, *Primeira epístola aos coríntios*, XII, 13). Ver também: *Aos romanos*, VI, 3-4; *Segunda epístola aos coríntios*, V, 17, etc.

24. *Lucas*, XVII, 21; ver XI, 20; *Mateus*, XI, 12. Ver também R. Bultmann, op. c., e *Historie et eschatologie*, Delachaux e Niestlé, 1959: trata-se de "desmitologizar a escatologia".

25. Citado em E. Gilson, *La philosophie au Moyen Âge*, I, Payot, 1976, p. 176.

26. Ver, especialmente, XI-XXII.

27. "Dois amores construíram duas cidades. O amor de si até o desprezo de Deus construiu a cidade terrestre. O amor de Deus até o desprezo de si, a cidade celeste. Uma glorifica-se em si mesma; a outra no Senhor" (XIV, 28).

28. Segundo E. Bloch, "a utopia de Agostinho: *De civitate dei* deu à terra nova, concebida como além na terra, sua expressão utópica mais vigorosa" (*Principe Espérance*, II, p. 73).

29. Citado por N. Cohn, *Les fanatiques de l'Apocalypse*, p. 23.

30. N. Cohn mostrou como um período de paz relativa e a abertura de vias comerciais na Europa pelos vikings permitiram simultaneamente um aumento demográfico e um avanço industrial que desestabilizaram as camadas camponesas tradicionalistas, cujos referenciais foram varridos, ao mesmo tempo que aumentava a miséria (op. c., pp. 52-76). Tanchelm na diocese de Utrecht, Eudes da Estrela no oeste da França, um eremita mendigo que se fez passar no Hainaut e em Flandres pelo imperador Balduíno de Constantinopla, e o "Mestre da Hungria", líder dos Pastores na França, foram algumas figuras messiânicas que enfocaram as esperanças dos revoltados, pobres e marginais. Esses movimentos, desde o início e de forma crescente, alimentaram as cruzadas (a "cruzada dos pobres" de Pedro, o Eremita, e Válter Sem Tostão, a "cruzada dos meninos" etc.).

31. Por sua luta contra o papado, o imperador alemão Frederico II, morto em 1250 e cuja suposta ressurreição foi objeto de inúmeros mitos e de levantes populares desencadeados por impostores ou iluminados, deu nesse contexto um conteúdo original à figura do "Imperador dos Últimos Dias".

32. Ainda que E. Bloch tenha razão de ressaltar que "a aurora vermelha carregada de sonhos e de promessas de eclosão" enche até a borda a utopia joaquinista e, mais ainda que os sistemas racionais dos tempos modernos, a constitui em "consciência utópica". "Aqui, mais do que nunca", acrescenta, "a esperança social é levada a sério" (*Principe Espérance*, II, pp. 84-87).

33. Jean de Meung, no *Roman de la rose*, fez eco leigo a esse ideal igualitário e comunista (V, 8356-8452, 9493-9661).

34. Citado por N. Cohn, p. 217.

35. Cujos discípulos eram chamados "lollardos" pela salmodia com que acompanhavam os cortejos fúnebres.

36. Citado por N. Cohn, p. 219.

37. Um Grande Conselho aberto às 3.000 famílias privilegiadas constitui o corpo político de uma cidade de quase 100.000 habitantes.

38. Savonarola foi, no entanto, amigo de vários humanistas, entre os quais Pico della Mirandola. Antes de 1495, tinha tentado acomodar sua fé ao neoplatonismo da Academia.

39. Um movimento no cantão suíço de Vaud, a partir do século XII, tinha por objetivo a prática de uma vida de acordo com a pobreza evangélica, numa crítica aos poderes e riquezas da Igreja. E o catarismo, na Occitânia dos séculos XI e XII, apresenta de modo utopista o ideal de uma perfeição a realizar na Terra pela superação do pecado original. Todavia, nessa doutrina, se o lugar é terrestre, a perfeição mesma não o é. Trata-se de transfigurar o corpo por meio de uma ascese severa, pela negação do tempo e da matéria, na qual se mostra o princípio do Mal, do Nada, e de atingir assim o Ser e a Eternidade. A alma, suscetível de sofrer a tentação do Mal, deve se submeter ao espírito, que é livre. Ver R. Nelli, *Le phénomène cathare*, Privat, 1991.

40. Ver "Descrição de colônias comunistas surgidas nos últimos tempos e ainda existentes", em *Deutsches Bürgerbuch für 1845*, citado por F. Engels e K. Marx em *Utopisme et communauté de l'avenir* (textos coligidos por R. Dangeville), Maspéro, 1976.

41. *Saint Benoît et la vie monastique*, Seuil, 1983, p. 65.

42. Ver, no geral, J. Séguy, "Une sociologie des sociétés imaginées: monachisme et utopie", *Annales. Economie. Sociétés. Civilisations*, março-abril 1971.

43. O Estado de Medina, instituído pelo Profeta, não é assim modelo da cidade muçulmana, mas o espírito das decisões que lá foram tomadas deve animar os juristas dos séculos seguintes.

44. O que se convencionou chamar de "filosofia política" de Alfarabi encontra-se essencialmente no *Traité des opinions des habitants de la cité idéale*, Vrin, 1990. Ver também o *Livre du gouvernement de la cité*, o *Livre de l'atteinte à la félicité* e L. Strauss, "Comment Fârâbi a lu *Les Lois* de Platon" em *Qu'est-ce que la philosophie politique?*, PUF, 1992.

45. De "shî'a", "o conjunto dos adeptos", a "Escola".

46. Os ismaelitas, diferenciados dos duodecimais a partir do Sétimo Imã, ou os drusos, os nosayris etc. participam também do xiismo em sentido amplo. O ismaelismo reformado de Alamut chega a proclamar a superioridade radical do Imã sobre o Profeta.

47. O Décimo Segundo Imã transcende assim o tempo, porquanto é do passado, do presente e do futuro. Sua Parusia, para a escola xaiquia, não é acontecimento a sobrevir na história material, ela ocorre a cada dia na consciência dos fiéis xiitas. A identificação do Imã esperado com o Paracleto não deixa de fazer eco ao joaquinismo.

48. Dentre os inúmeros milenarismos baseados no Islã pode-se citar a crença drusa na última aparição de al-Hakhim, emanação de Deus, encarnado pela primeira vez em forma humana em 1010 e cujo retorno trará o massacre de todos os infiéis.

49. *The English Works of Sir Thomas More*, org. por W. E. Campbell, Londres, Eyre and Spottiswoode, 1927-1931.

50. *L'utopie et les utopies*, p. 149.

51. Ver A. Prévost em *L'Utopie*, pp. 45-46, 139-140.

52. *Rédemption et utopie.*

53. É no entanto o que pretende mostrar L. Rougier em *Du paradis à l'utopie*, Copernic, 1979.

2. Das Cidades de Platão à Utopia

Platão é geralmente considerado o Pai da utopia. Além disso, não pretende o próprio Morus que Utopia seja "êmulo atual da cidade platônica (*U.*, p. 330)? Se Rafael navegou, foi certamente como Ulisses e, "melhor, como Platão".[1] Nisso Morus é bem do seu tempo: sabe-se que os temas platônicos, citados o mais das vezes de segunda mão, foram amplamente difundidos no século XVI e alguns chegaram a se tornar verdadeiros lugares-comuns, como o do rei-filósofo, o da conveniência de existirem poucas leis etc. A interpretação mais corrente que se fazia na época sobre a cidade da *República* era de que não passava de um sonho, de certo belo mas que o próprio Platão teve que finalmente reconhecer como tal ao escrever *As leis*, política realizável entre os homens. Bodin foi um dos que fizeram essa leitura, envolvendo Morus numa crítica realista: "Não queremos também figurar uma República em idéia, sem efeito, tal como a imaginaram Platão e Thomas Morus, o chanceler da Inglaterra."[2] De maneira mais geral, a leitura de Platão no século XVI tendeu a aproximar-se da que se fez da *Utopia*, inclusive em acolhidas diversas das de Bodin e outros. Assim, Jean de Serres, em 1578, vê a cidade da *República* como um modelo, um arquétipo, hipótese metodológica para avaliação das cidades reais e não um simples sonho, mais ou menos nos termos da "Advertência" e das notas de Barthélémy Aneau na edição francesa de *La République d'Utopie*, de 1559, que faz da ilha de Utopia um "padrão" útil para "corrigir" as cidades corrompidas.[3] *As leis*, então, têm por função permitir a realização da república perfeita, de acordo com o modelo definido. Deve-se pois procurar em Platão a verdade de Utopia, seja sonho ou modelo?

A CIDADE JUSTA DE *A REPÚBLICA*

Em *A República*, Platão está à procura da Justiça e, já que se vê melhor o que é escrito em letras grandes, para saber o que é um indivíduo justo ele constitui racionalmente, *logô*, portanto filosoficamente, um Estado justo. Levando em conta a realidade completa dos Estados, a cidade justa será aquela cuja unidade se deve ao fato de que cada um cumpre a tarefa que lhe é própria, com a virtude conveniente, sem usurpar as funções dos outros: os governantes governam com sabedoria, os guardiães guardam a cidade com coragem e o povo produz, dando com sua obediência o testemunho da temperança comum a todas as classes da cidade. Assim, *A República* não é uma "utopia": seu objeto não é a descrição de uma cidade ideal realizada imaginariamente. Platão não oferece, em uma narrativa, a visão de um país com seus costumes e seus habitantes no exercício de atividades concretas. *A República* é uma obra de filosofia que analisa *o que é* uma cidade justa teoricamente, situando seu assunto no plano dos princípios. E não pode ser diferente, porquanto a doutrina do ser em Platão recusa identificar ser e existência, isto é, "entes" e "existentes".

Sabe-se que Platão rompe dessa forma com várias tradições de pensamento. Por exemplo, os "físicos de Mileto", no século VI a.C., procuraram saber o que são as coisas, o seu "ser", naquilo de que toda coisa existente não passa de uma modificação, ou seja, na matéria[4] de todas as coisas. E o encontraram nos elementos (a água para Tales, o ar para Anaxímenes etc.). Anaximandro, primeiro sucessor de Tales, concluiu que só o Infinito (*Ápeiron*), matéria indeterminada, quer dizer, a existência pura, podia ser princípio e "ser" de todas as coisas. Alguns dos que mais tarde foram chamados de sofistas também viram, sob outras perspectivas, o próprio ser naquilo que existe. Certo, os sofistas são combatidos por Platão antes de mais nada por seu relativismo, cujo fundamento é a negação mesma de toda ontologia. Assim Górgias, no *Tratado do Não-Ser*, e seu discípulo Lícofron pretenderam arruinar o ser. Górgias deduzia o valor apenas das aparências e, de maneira mais geral, a identidade entre o real e a manifestação, com o *logos* exprimindo a ambivalência da realidade. E Protágoras, para quem "o homem é a medida de todas as coisas", fazia do "discurso forte", isto é, partilhado, pelo qual o conceito de homem atinge seu momento universal, a via para que a aparência das coisas, identificada por ele ao seu ser, atinja a sua verdade e isso de acordo com seu grau de utilidade reconhecida. Mas Antifonte, por exemplo, via a natureza das coisas, sua essência, sua verdadeira realidade no que chamou de *arruthmiston*, o "livre de estrutura": Antifonte é daqueles que acreditam, segundo Aristóteles, "que a natureza e a essência dos seres que existem por natureza são o constituinte primeiro de cada um, por si mesmo livre de estrutura" (*Física*, II, 1, 193a).

A filosofia exige, segundo Platão, que se distinga entre ser e existência, como já o fizera Parmênides (c. 515-não antes de 450 a.C.). Platão toma de Parmênides a concepção de que um ser é um ser enquanto é o que é. O que é só do ser é só o que ele é, como o Igual em si ou o Belo em si (*Fédon*, 78d-e), e pode assim ser *logos*, razão de ser de uma multiplicidade de coisas existentes; devemos portanto dizer que "existe um Belo em si, um Bom em si, e da mesma forma para cada uma das realidades individualmente" (*Crátilo*, 439d. Ver também *Fédon*, 100b). O ser então é a *ousia*, que se pode traduzir por "essência", se por esse termo se entende ao mesmo tempo *o que é* a coisa e que ela *é* verdadeiramente. Quanto à realidade sensível, é o que existe e que, enquanto se torna incessantemente outra diferente de si mesma, não pertence ao ser. A essência, na sua estabilidade, na sua permanência, na sua identidade, é objeto de pensamento como *eidos*, *idea*. Assim, o Ser é idéia e com isso se constitui a "verdade dos entes" (*Fédon*, 99e). As Idéias, portanto, *são*, não *existem*, se por existência se entende a existência das coisas sensíveis. Mas, reduzindo-se assim o ser à essencialidade, "graus de ser" proporcionais ao de pureza da essência devem ser distinguidos. "Ser" de fato é "ser verdadeiramente", e as coisas sensíveis, que "existem", são mais ou menos. Tanto mais assim as cidades que só "são" na medida em que são verdadeiras cidades, isto é, cidades justas.

REALIZAÇÃO DA ESSÊNCIA

Ora, para que a cidade justa seja, isto é, para que uma cidade participe do ser e não apenas exista, certas condições são necessárias. Platão não é utopista no sentido banal de indiferente ao exame do que torna possível o que é desejável. Bem ao contrário, os Livros V-VII da *República* têm por objeto as condições de realização da cidade ideal: convém determinar "a possibilidade de realizar nossa constituição e o meio de fazê-lo" (V, 471c e seg. Ver também

VII, 540d). O fundamental, sabe-se, é que os filósofos governem ou que os governantes sejam filósofos. Os verdadeiros filósofos, com efeito (e não aqueles que usurpam esse título), amam a verdade, buscam o Ser, e trata-se de realizar uma verdadeira cidade, cuja unidade seja a do Ser na sua imutabilidade e na sua identidade. A essa condição primordial soma-se a necessidade de que os Dirigentes tenham experiência (VI, 484-485). A comunhão de mulheres e filhos entre os Guardiães, de cujo meio saem os Dirigentes, e a participação das mulheres no governo da cidade, o que não é absolutamente "irrealizável nem quimérico, pois isso está de acordo com a natureza" (V, 456c), decorrem logicamente das exigências de um governo dos filósofos. Dá-se o mesmo com a posse coletiva dos bens entre esses dirigentes (V, 416-417): o interesse privado ou as diferenças não fundadas na essência não podem ter lugar entre eles, pois seriam geradores de desordens e da ruína da cidade. Uma segunda grande condição é que o povo, até então caçoado pelos sofistas, aceite esse poder dos filósofos: o que fará se lhe falarem e mostrarem o que são realmente os filósofos (VI, 498-500). Essas condições, os filósofos-governantes e a aceitação popular, são inerentes à própria estrutura da cidade ideal. Constituem as modalidades de ser da cidade justa, o que a torna possível. Ocorre o mesmo com a educação (VI-VII), ao mesmo tempo momento essencial do funcionamento harmonioso da cidade e aquilo que, possibilitando a ciência dos governantes, permite que a cidade seja. Cidade que *existe* contra cidade que *é*, cuja essência de alguma forma envolve as condições de realização: "Assim nossa constituição tornar-se-á para nós e para vós uma realidade e não um sonho (*onar*) como na maioria dos Estados atuais..." (VII, 520c).

Trata-se pois de fundamentar exigências. Nisso a *República* é propriamente um texto filosófico, que se realiza ao introduzir ao "*Topos noetos*", o "Lugar do Inteligível". Se uma cidade justa é aquela em que os encarregados dos negócios públicos agem de olhos fixos no "modelo" (*paradeigma*) da Justiça (por exemplo, VI, 484-506), a grande lição dos Livros VI e VII é que isso supõe a ciência do Bem, pela qual garante-se no absoluto a realidade contemplada. O Bem é causa de inteligibilidade, ao mesmo tempo que é causa da essência (*ousia*) e do ser (*einai*), transcendendo ele próprio a essência como origem das determinações do ser, como ser puro que nada pode determinar (VI, 509b). Platão busca as condições de uma cidade justa fora de qualquer apresentação que erigisse empiricamente em modelo tal ou qual exemplo, em vez das próprias Idéias. E é o que faz a grandeza de sua filosofia, segundo Kant, que ao mesmo tempo refuta ser a *República*, como se tornou proverbial em seu tempo, um "exemplo supostamente notável de uma perfeição imaginária que só pode existir no cérebro de um pensador ocioso". Claro, o mundo não é segundo as Idéias. Mas deveria ser. E é por isso que é totalmente legítimo tomar as Idéias como "arquétipos" e se guiar por elas "para aproximar sempre mais a constituição legal dos homens da maior perfeição possível".[5] A experiência não vale portanto como argumento. É verdade que a expressão platônica da teoria das Idéias (as Idéias separadas) é "exagerada", mas não a intenção filosófica. Platão não é, para Kant, um utopista, porque não sonha mas, sim, coloca exigências racionais. É por isso que, se a *República* estuda as condições de realização da cidade justa, não se ocupa, por outro lado, de sua "existência": "O modelo está sem dúvida no céu para quem quer ver e, vendo, se governar a si mesmo, mas pouco importa que esteja realizado em alguma parte ou que esteja ainda por realizar" (IX, 592b).[6]

Ainda que se reunissem as condições de existência, restaria uma dificuldade ontológica fundamental, que é o principal na filosofia de Platão: no mundo da corrupção, do fluxo incessante e irracional das coisas, do Indeterminado, do Devir, o Ser não pode ser completamente enquanto ser e a verdadeira cidade não pode existir plenamente. É por isso que não se deve esperar que o filósofo-governante possa jamais trazer à existência, de maneira perfeita, a cidade ideal. Trata-se no máximo, para Platão, de descobrir "como se poderia estabelecer um Estado bem próximo de nosso ideal" (473). A *República* não é uma utopia. Mas o lugar teórico de Utopia não é o que Platão descortina ao imaginar, a partir da Atenas mítica, a cidade justa da *República*?

PENSAMENTO DA EXISTÊNCIA E MITO

É que a existência em geral, segundo Platão, não é absolutamente impensável. No *Parmênides*, o jovem Sócrates ainda não o compreendeu. Ele pretende só dedicar seu "estudo e ocupação" aos "objetos para os quais temos Idéias" (seja a Similitude, o Um, o Múltiplo, o Justo, o Belo, o Bem etc.). E Parmênides critica-o: "Você ainda não está sob a penhora da filosofia." Aos olhos de quem está penhorado, nenhum desses objetos "visíveis", que "existem" e sobre os quais seria "extravagante" sem dúvida "imaginar que haja para eles uma Idéia" (130), como o cabelo, a lama, a sujeira, deve ser "depreciado". O campo do *logos*, da filosofia, não se identifica pois com o campo eidético. Trata-se do "visível", da "existência" que, impensável como Idéia, pode entretanto ser pensado, mas de maneira totalmente específica. E assim é possível um acesso às existências passadas ou por vir. Uma existência presente, com efeito, simplesmente constata-se, e a sensação é o modo de fazê-lo para as realidades empíricas. Mas isso é impossível quando aquilo cuja existência se quer atingir está situado num passado tão longínquo que dele não se tenha tido uma experiência sensível e, portanto, lembrança. É preciso, então, "pensar" a existência. Ora, o mito (*muthos*) é pensado (*logos*), no sentido amplo de "discurso em geral", de "pensamento que se exprime", pelo que se pode apresentar o que não é nem da ordem do Inteligível nem da ordem do que é diretamente perceptível pelos sentidos, como o passado longínquo, objeto somente de tradição, ou os deuses ou a imortalidade da alma. Nessa perspectiva, o mito pode então, aos olhos de Platão, ter por conteúdo mais geral a existência de toda realidade sensível atualmente inacessível aos sentidos.[7]

Assim, depois que Sócrates, no início do *Timeu*, relembra os princípios da cidade ideal, diz a seus interlocutores o que sente: "Meu sentimento é mais ou menos como o daquele homem que, tendo visto belos seres vivos, seja representados em pintura, seja realmente ao vivo mas em repouso, se pusesse a desejar vê-los entrar em movimento e praticar os exercícios que parecem convir a seus corpos" (19bc), existir em suma. O *Timeu* e o *Crítias* descrevem, pois, a cidade justa da *República* em uma existência empírica, qual seja a antiga Atenas vitoriosa sobre Atlântida. Mas nesse caso, pelo fato de que a existência em questão é a de uma essência cuja verdade está estabelecida, o "pensamento" da existência deve ser tomado num sentido mais estrito: o mito, sem jamais ser filosoficamente enquanto tal (não é nem verificável, devido à natureza do seu objeto, nem argumentativo, uma vez que a sua ordem é a da narrativa e não a do raciocínio), pode no entanto ter com efeito um valor filosófico. É o caso quando é filosoficamente regulado, fundado ou explorado: tem a ver então com um certo modo de *logos*, no sentido estrito de discurso verificável e argumentativo.

Isso coloca em cena o conceito platônico de *mimesis*, de "imitação". O discurso é, geralmente, imitativo: "Uma imitação (*mimesis*), uma cópia (*apeikasia*), eis de fato o que necessariamente, penso, dizemos todos nós" (*Crítias*, 107b). No caso das coisas sensíveis presentes, a imitação do discurso é representação. Mas só pode ser evocação, uma vez que a realidade visada é inacessível aos sentidos, sem ser no entanto forma inteligível. O poeta é profissional dessa técnica que faz intervir a imitação ao nível da *lexis* ("maneira de exprimir o conteúdo de um discurso") e simultaneamente ao nível do *logos* ("o que é exprimido no discurso"). O mito que resulta, nessas condições, é em grande parte sua própria referência: *O sofista* mostra que na fabricação de imagens (*eidola*) há dois tipos de mimese, uma produtora de ícones (*eikones*) semelhantes aos modelos, dos quais reproduzem as proporções reais, outra produtora de simulacros (*phantasmata*), cujo único objetivo é criar ilusão (235e-236c). Ora, se toda imagem (*eikon* ou *phantasmata*) é, como mostra J.-P. Vernant,[8] da ordem das aparências (*phainein*), a que resulta da atividade do fabricante de mitos é da ordem do simulacro (*phantasmata*), porquanto a função do poeta é de evocação. É nesse sentido que é preciso compreender a crítica platônica da poesia, que o último Livro da *República* tematiza. O Ser é objeto de ciência e não de imaginação; a imagem não introduz por si mesma à realidade. Considerada em seu movimento próprio, ela antes se afasta da realidade por valorizar aparências que tende a apresentar como o próprio Ser. É por isso que não é possível tratar o mito alegoricamente: não há aí verdade a buscar como o sentido oculto da palavra poética; a verdade não é da ordem do mito, mesmo interpretado, mas da filosofia, como discurso verificável e argumentativo.

Entretanto, inscrita numa perspectiva filosófica e em particular quando a existência é plenamente a de uma Idéia (como no caso da antiga Atenas), a *mimesis* muda de sentido. Não se trata mais de imitar, na ilusão, o que já é imagem, quer dizer, o Devir sensível, cópia do Ser; trata-se de certa forma, situando-se no plano do Devir sensível, primeira cópia, de apresentar uma imagem que seja, até onde isso é possível, adequada ao ser, valendo existência numa aparência legitimada pelo que faz aparecer. O discurso então muda de chave. "Aos fundadores de cidades convém conhecer os moldes (*tupous*) segundo os quais cabe aos poetas recontar os mitos", diz *A República* (III, 378e). Nesse sentido, o mito da antiga Atenas, do *Timeu* e do *Crítias* é o mais filosófico possível; trata-se de "animar" uma Idéia, diretamente. Mas, com isso, produz um duplo questionamento de sua condição de "mito" e, mais amplamente, de "pensamento".

A antiga Atenas tem com efeito direito à existência por seu ser. É por isso que Platão, ao introduzir a narrativa mítica que a apresenta, nega-lhe o estatuto de "mito" e quer que seja compreendida como narrativa histórica (*Timeu*, 21d-23e): "não é uma ficção mítica, mas um discurso verdadeiro" (26e). A característica do discurso histórico é que ele é garantido pelo controle da escrita, pela qual a memória coletiva (frágil devido às degradações sempre possíveis na transmissão de uma mensagem de uma memória individual a outra) pode ser validada. Assim, o sacerdote egípcio de Saís, que está na origem da narrativa da guerra da antiga Atenas contra Atlântida, garante suas opiniões pelos escritos registrados e conservados nos templos (23a). Só ele pode assim datar com precisão os acontecimentos que narra, que dizem respeito a uma Atenas de 9.000 anos atrás e não a uma cidade "mítica" das origens, situada num passado indeterminado. É preciso porém ressaltar que a versão escrita do sacerdote depende, ela mesma, de uma tradição oral, que ele não lê para Sólon porque a conhece de cor, e que sua narrativa dá lugar na Grécia a uma versão oral transmitida durante quase 270 anos, de Sólon a Platão; e por isso Platão não vê no escrito senão um instrumento de controle. A memória e o saber estão na alma e na palavra, não no escrito. O mito sobre a invenção da escrita por Teuth no *Fedro* (274c-275b) estabelece isso e que pretender a ciência e a memória pela via única do escrito é com efeito fazê-las desaparecer, na medida em que a cópia (o escrito) substitui então o original.

A existência pensada é portanto pensada como uma existência real. Mas, assim, esse pensamento da existência, carregado de suas referências filosóficas, procura negar-se como "pensamento", em benefício de uma pura manifestação da existência. Ao fazê-lo, Platão não retira da antiga Atenas sua condição de imagem; pretende que ela seja recebida não como simples produção do espírito de um poeta (ele, no caso) mas como realidade sensível, presença viva da cidade abstratamente determinada na *República*, imagem empírica existente de uma essência.

AS CIDADES DO *TIMEU*, DO *CRÍTIAS* E UTOPIA

Crítias conta então como era Atenas, segundo o que seu avô ouviu de Sólon, que por sua vez dizia tê-lo ouvido daquele sacerdote egípcio: "Era a melhor na guerra e, em todos os sentidos, a que tinha as melhores leis e isso em nível notável. Essa cidade realizou as mais belas proezas e suas instituições políticas superaram em beleza todas aquelas sob o céu cujo eco nos chegou" (*Timeu*, 23c). Os atenienses são autóctones e provenientes da semente de Géia e Hefaístos (23de) e da escolha de Atena, que considerou o sítio onde se ergueu a cidade como "o lugar suscetível de receber os seres humanos que mais se assemelhassem a ela" (24de). E foi essa cidade que barrou outrora a potência estrangeira que lançara a partir do oceano Atlântico uma invasão de toda a Europa e da Ásia. A ilha de Atlântida, "vasto e maravilhoso império" (25a) cujos habitantes descendiam de Poseidon, deus do mar, e de uma nativa (*Crítias*, 113cd), foi vencida por Atenas, "de início à frente dos gregos, depois sozinha por necessidade" (*Timeu*, 25bc). Essa derrota é a do *hubris*, do desmedido, do excesso, face à justiça. Atlântida prosperou "enquanto a natureza do deus dominou" em seus reis e soube permanecer "moderada" e "sóbria" em relação a sua imensa riqueza (*Crítias*, 120d-121a). Desmoronou, apesar de sua poderosa organização e da força dos números e de suas muralhas, quando "o elemento divino" foi diluído pelo elemento mortal e "o caráter humano tornou-se predominante" (121a), o que fez cair os atlantes na inconveniência, enchendo-os de "injusta cupidez e excesso" (121b), enquanto, "sempre da mesma maneira (...), conforme à justiça, [os dirigentes de Atenas] administravam sua própria cidade e a Grécia" (112e).

Assim como Atlântida, é claro, o exército ateniense não pôde resistir ao cataclisma que engoliu a ilha no fim da guerra: é que as desordens da matéria, ficamos sabendo pela *República*, bloqueiam o Ser, de tal sorte que ele jamais pode se realizar definitiva e completamente (*Timeu*, 25cd). A antiga Atenas e Atlântida são, ambas, da ordem do Devir, de maneiras opostas; tal é sua função. E isso explica por que se deve encontrar referências a elas no devir histórico: a Atenas antiga remete à verdadeira Atenas do passado, anterior às reformas de Clístenes, ou a Esparta, enquanto Atlântida remete à Pérsia ou à Atenas de meados do século IV.[9] É que a existência passada verificável (guerras médicas, guerras do Peloponeso, guerra civil em Atenas após a derrota de 404...) pode oferecer referências ao pensamento da existência em geral. Aqui o passado mítico alimenta-se pois do passado real, para que seja pensada uma existência que pode vir de um ponto de vista ontológico mas que não está lá. Há muito mais no entanto: como veremos mais adiante, o passado enquanto tal é para Platão ontologicamente valorizado, porquanto todo devir dele se afasta e o devir é o oposto do ser. Assim, a antigüidade da Atenas mítica é signo do ser, enquanto a Atenas de meados do século IV dá, bem ao contrário, pleno testemunho dos estragos que produz o devir.

A antiga Atenas em todo caso, como representação concreta, empírica, "viva", da cidade ideal — do Mesmo, da Justiça realizada, da Medida e do acabamento, vitoriosos contra o Outro, a Injustiça e o Excesso, a desmedida — é utopista. E é exatamente o que parece dizer Morus, que vê Utopia como "êmulo atual da platônica cidade", pois "mostrou" o que a cidade de Platão "com letras pretendeu" (*U.*, p. 330). Por sua vez, P. Gilles assim anuncia Utopia na *Quadra em língua vernácula dos utopianos*: "apresentei aos mortais a filosófica cidade" (*U.*, p. 334). E Rafael, o filósofo, parece, por seu lado, estabelecer-lhe a necessidade: ao personagem Morus que o convida a comunicar seus conselhos aos reis, se quer seguir corretamente a lição de seu "caro Platão", ele responde que a lição completa de Platão é que os conselhos não têm efeito para reis que não se aplicam à filosofia por si mesmos, que sequer serve para coisa alguma "publicá-los em livros" (pp. 414-417), o que abre campo a uma estratégia bem diferente, qual seja, mostrar, deixar ver diretamente o efeito empírico desses conselhos. A. Prévost teria então razão de dizer que "o platonismo da *Utopia* (...) repousa numa presença, detalhista, da doutrina da participação", o que o leva a concluir que "o tipo eterno e imutável da cidade perfeita seria a causa exemplar que teria inspirado a forma da figura utópica" (p. 169). Nessa perspectiva, Utopia seria então uma imagem com a função de fazer aparecer de maneira artificial e analógica o que é ou pode ser, quer dizer, um "modelo", no sentido técnico do termo.

UTOPIA SUPERA

E no entanto o "êmulo", no sentido forte, quer mais do que igualar ou imitar: na "emulação" torna-se rival, aquele que quer superar. E é exatamente essa a ambição que o *Suserano* atribui a Utopia em relação à platônica cidade, "*superando-a* talvez — pois o que com letras pretendeu *só eu* realizei". E na sua *Carta a Busleiden* de 1º de novembro de 1516 P. Gilles encarece: "Todos deveriam conhecer

[Utopia], *mais ainda* que *A República* de Platão."[10] Essas formulações espantam. De início porque não é boa filosofia platônica fazer o que "mostra", a imagem, superar o que é mostrado, a Idéia. Além disso, precisa a *Quadra*: "*Só eu*, de todas as terras habitadas, e sem filosofia, apresentei aos mortais a filosófica cidade."[11] Como compreender isso? Nem Morus nem Gilles poderiam ignorar que Platão havia representado a cidade ideal de maneira sensível como a Atenas mítica, uma vez que o *Timeu* foi conhecido e comentado ao longo de toda a Idade Média. É preciso pois que Utopia não seja simples imagem. Em que consiste então sua originalidade, que a faz "superar"?

Encontra-se uma primeira resposta a essa pergunta no título completo do que nos acostumamos a chamar simplesmente de *A Utopia: Um verdadeiro Livro de Ouro (...) relativo à forma perfeita da comunidade política e à nova Ilha de Utopia* (*... de optimo reip. statu, deque nova Insula Utopia*, ed. Louvain, 1516; de Paris, 1517) ou *Da forma perfeita da comunidade política e da nova Ilha de Utopia. Um verdadeiro Livro de Ouro...* (ed. de Basiléia, março de 1518; nov. 1518). Em outras palavras, *A Utopia* pretende ocupar, para além das diferenças de conteúdo, *tanto* o lugar do *Timeu* e do *Crítias* ("a nova ilha de Utopia") como o da *República* ("relativo à forma perfeita da comunidade política"). Utopia "supera" para "mostrar" *ao mesmo tempo* a imagem do objeto da *República* e esse objeto mesmo. É nesse sentido que P. Gilles admira a memória de Morus, que o tornou "capaz de repetir quase palavra por palavra tantas observações apenas ouvidas", e sua "sagacidade, que soube desvendar as fontes completamente ignoradas do vulgo onde nascem todos os males que oprimem uma comunidade política ou onde poderiam nascer todos os bens".[12] Nem Marie Delcourt, na sua edição de 1966, que traduz *A Utopia* ou *a melhor forma de governo*,[13] nem Victor Stouvenel, na sua edição de 1842, que traduz *A Utopia, discurso (...) sobre a melhor constituição de uma república*, deixam ver claramente, muito ao contrário, que se trata de um empreendimento totalmente original, de um livro *simultaneamente* relativo ao quadro de uma cidade perfeita que se supõe realizada *e (deque)* à forma perfeita da comunidade política, isto é, ao que faz essa cidade empírica aí descrita ser realmente perfeita: ao mesmo tempo "imagem" *e* "Tratado" (a tradução de M. Delcourt, nesse ponto, pode convir) de filosofia política que enuncia e justifica princípios segundo o objetivo de *A República*.

M. Delcourt e V. Stouvenel não se dão bem conta da ambição de Morus de atingir dois objetivos. Seus títulos, porém, não são um contra-senso, porquanto a descrição da "nova Ilha de Utopia" e o Tratado "relativo à forma perfeita da comunidade política" não se justapõem na *Utopia* (um sucedendo ao outro por exemplo, como uma segunda parte aplicando o que teria sido demonstrado na primeira): é enquanto descrição que o discurso tem objetivo filosófico. A descrição utópica é o único argumento verdadeiro. E é radical, impede a indeterminação da discussão, suas argúcias e retomadas incessantes. Assim, dialogando com humanistas, gente que se aplica à filosofia, Rafael examina o que é preciso pensar da doutrina utopiana da virtude e do prazer: os utopianos "têm ou não têm *razão*? Não temos tempo de *discutir* isso e não é necessário. Eu me propus descrever-lhes as instituições e não fazer sua apologia. Em todo caso, estou intimamente persuadido, qualquer que seja o valor de seus *princípios*, que nenhum povo no mundo leva vantagem sobre este e que nenhuma república é mais feliz".[14] A descrição vale por "razão" e melhor razão do que a produzida pela "discussão". Estabelece, melhor que ela, "princípios". Da mesma forma, no primeiro Livro, Rafael rompe a discussão sobre a vantagem da comunhão dos bens com o anúncio da descrição de Utopia a seguir (p. 442). E no final dela pode concluir que, se não é "sem razão" que no Velho Mundo alguns (o personagem Morus, no caso) defendem o bem privado como meio de salvaguardar o bem público, o que ele viu mostra que se "tudo é de todos" cada um terá como satisfazer suas necessidades (pp. 621 e seg.): duas lógicas se defrontam e é a descrição que permite separá-las.

Compreende-se então que Utopia *ao mesmo tempo* descende de um povo que habitava primitivamente o lugar *e* "origina-se dos gregos" (p. 541): a língua destes últimos é a dos filósofos (p. 365) e, assim como Utopia é descrita por Rafael, que é *ao mesmo tempo* navegante *e* filósofo, era preciso que fosse, de alguma forma originariamente, cidade real sensível *e* filosófica. "Só eu de todas as terras habitadas, e sem filosofia, apresentei aos mortais a filosófica cidade" (p. 334): Utopia é "terra habitada" e toma lugar de filosofia ("sem filosofia") ao mostrar-lhe o objeto e ao mesmo tempo a imagem empírica desse objeto. Eis por que Utopia é "só" ela, única. E eis por que "supera" a "cidade platônica", de um lado tal como o *Timeu* e o *Crítias* a expõem através da Atenas mítica (reivindica também ter a função de um tratado de filosofia política) e de outro tal como

A República a fundamenta (do que oferece também um acesso sensível). Como isso é possível? O que é que pode justificar que a descrição valha como argumento e argumento definitivo?

É que Utopia ocupa ainda um terceiro lugar que a filosofia de Platão distinguira dos lugares da imagem e da busca filosófica, qual seja o lugar absoluto do original da imagem, esse que a busca filosófica "erige com suas letras" (p. 330) em objeto: o lugar do modelo (*paradeigma*) que, como essência (*ousia*), dá sentido aos dois outros (o objeto filosófico e a imagem sensível desse objeto). Rafael, ao fim de sua descrição, exprime isso com clareza: "Acabo de vos descrever, *com o máximo de verdade de que fui capaz*, a forma dessa República que, de minha parte e sem vacilar, considero não apenas a melhor mas *a única que pode reivindicar com todo o direito o nome de República (Descripsi vobis quampotui verissime ejus formam Reip. quam ego certe non optimam tantum, sed solam etiam censeo, quae sibi suo jure possit Reip. vendicare vocabulum).*"[15] Se a descrição de Rafael produz uma imagem inadequada ("com o máximo de verdade de que fui capaz") da imagem que nele se formou ante a visão de Utopia, pois que tal é a sorte de toda descrição humana, esta última imagem apresenta, absolutamente, a própria essência. Rafael não viu apenas "a *melhor* República" que existe, nem mesmo um exemplar da verdadeira república (numa multiplicação das cópias que instituiria uma distância em relação ao original), mas "a única que pode reivindicar com todo o direito o nome de República".[16]

E é justo por isso que a descrição de Rafael pode valer ao mesmo tempo como tratado filosófico: uma vez que é o próprio absoluto mostrado como "República" que se afirma "com todo o direito", descrição e discurso podem se identificar num mesmo movimento que tende para a verdade. Utopia, como apresentação sensível da cidade justa, que existe objetivamente (e da qual Rafael nos dá conta subjetivamente), sendo *também* a cidade justa no seu próprio ser, permite que sua descrição faça aparecer ao mesmo tempo seus princípios. Utopia não se apresenta pois como uma imagem sensível que o espírito formaria por si mesmo com uma construção teoricamente elaborada. Quando o personagem Morus recusa reconhecer o valor da comunhão de bens como princípio político, acrescenta: "é isso (...) que não posso sequer imaginar (*ne cominsci quidem queo*)". E Rafael não se espanta: "*Non miror inquit, sic videri tibi, quippe cui ejus imago rei aut nulla succurit, aut falsa*", ou seja, literalmente, "... você a quem nenhuma imagem da coisa pode se apresentar ao espírito ou se apresentar senão como falsa" (*U.*, p. 442).[17] Não há imagem verdadeira possível senão como imagem de uma realidade existente objetivamente: "mas se tivesse estado comigo em Utopia (...), então não teria dificuldade de reconhecer que em nenhuma parte viu povo tão bem governado como lá" (ibid.). É enquanto realidade existente que Utopia permite que se forme uma imagem de sua essência, igualmente objeto da reflexão filosófica. E permite isso como representação sensível, não de um objeto construído pelo espírito, mas de uma realidade essencial, que é ela mesma.

No fundamental, Utopia é portanto uma cidade não-platônica. É "êmulo da platônica cidade" porque ocupa seus diferentes lugares. Mas, precisamente, ocupa-os todos de uma vez. E é por isso que nem sua essencialidade nem sua existência podem ser colocadas como Platão as colocou: se é de fato numa "imagem" que a existência aparece, sua apresentação não tem a forma de um mito; e sua essência não se inscreve numa perspectiva essencialista, num realismo idealista.

Desde a Antigüidade, depois de Platão, a utopia propriamente dita elabora-se em formas literárias específicas. As conquistas de Alexandre, a explosão irreversível da *polis*, são o quadro dessas elaborações. O autor mais importante do período que separa Platão e Morus, do ponto de vista da utopia (mas não do utopismo), é sem dúvida Jâmblico, cuja "Cidade do Sol" é uma das fontes de Morus e de Campanella: sete grandes ilhas "regidas pelos mesmos costumes e as mesmas leis" compõem a sua República. No quadro de um romance que apresenta todos os momentos clássicos da forma utópica (viagem imaginária, naufrágio, ilha, visita maravilhada, descrição minuciosa do modo de vida e da organização social...), Jâmblico apresenta o que seria o conteúdo, igualmente clássico, das utopias vindouras: geometrismo, comunismo, legislação rigorosa, comunhão de mulheres e filhos, obrigação de cada um trabalhar e alegria universal por tudo isso. Com *A nova Atlântida*, um século depois da *Utopia* (por volta de 1623), Bacon evidenciaria de forma vigorosa a vocação não-platônica da utopia: contra o *Timeu* e o *Crítias*, é à cidade terrestre e humana que se confere doravante o estatuto de cidade perfeita.

NOTAS

1. *U.*, p. 365. Assim, segundo J. Servier, "a cidade justa cujo plano traçou Platão prepara a utopia dos séculos vindouros" (op. c., p. 46. Ver também pp.

133-134). R. Trousson ressalta que "Platão é geralmente considerado o verdadeiro criador do gênero utópico e é justo..." (op. c., p. 33). Ver também R. Ruyer, op. c., pp. 130 e seg.; p. 160. *A República* é mesmo, para G. Dudok, "a fonte de inspiração mais importante de Morus" (*Sir Thomas More and his "Utopia"*, Amsterdã, 1923, p. 72).

2. *Les six Livres de la République*, Paris, Jacques Du Puys, ed. 1577, II, 1, p. 228.

3. Thomas Morus, *La république d'Utopie*, Lyon, Jean Sangrain, 1559, "Advertência explicativa da obra", pp. 3-6.

4. Esses físicos não são todavia simples "materialistas", pensadores do primado da matéria, no sentido rigoroso daquilo que se opõe ao espírito, ocorrendo entre eles "a indistinção dos conceitos e, para começar, os de matéria e espírito" (O. Bloch, *Le matérialisme*, p. 36).

5. *Crítica da razão pura*, pp. 264-265.

6. "Nossa intenção não era provar que esses modelos [da justiça e da injustiça, no indivíduo e na cidade] possam se realizar" (V, 472).

7. G. Droz discute o múltiplo uso platônico do mito em *Les mythes platoniciens*, Seuil, 1992, pp. 9-19. Sobre o mito em Platão, ver também L. Brisson, *Platon, les mots et les mythes*, Maspéro, 1982.

8. "Nascimento de imagens", *Religions, histoires, raisons*, Maspéro, 1979, em particular pp. 112-114. Ver *República*, X, 598bc e 601b ("O criador de imagem, o imitador, nada entende da realidade; ele só conhece a aparência, não é?").

9. Ver L. Brisson em Platão, *Crítias*, pp. 314-325. e P. Vidal-Naquet, *Le chasseur noir*, La Découverte, 1991, pp. 338 e seg. Platão situa a ilha de Atlântida, "maior que a Líbia e a Ásia somadas", para além das colunas de Hércules (*Timeu*, 24e). O fim do século XVII e o século XVIII vão se perguntar se o continente descrito por Platão é o Novo Mundo.

10. *U.*, pp. 330; 337. O destaque é nosso. J. Busleiden (c. 1470-1517) foi membro do Grande Conselho de Malines, onde recebeu os humanistas.

11. P. 334. O destaque é nosso.

12. *Carta a J. Busleiden*, 1º de novembro de 1516, em *U.*, p. 338. E é ainda nesse sentido que Jerônimo Busleiden pode constatar, com a leitura da *Utopia*, que Morus aí apresentou "a seres *dotados de razão* essa *idéia* de República, essa *fórmula* e essa *representação figurada* e bem acabada dos bons costumes, incomparavelmente mais salutar, mais acabada e mais desejável que tudo o que jamais se viu *sobre a terra*, porque supera em muito e deixa bem para trás as Repúblicas mais célebres e mais exaltadas: Lacedemônia, Atenas e Roma". Os destaques e a tradução são nossos. O latim diz: "... *ipsis mortalibus ratione pollentibus, eam Reip. ideam, eam morum formulam, absolutissimumque simulacrum praescribere, quo nullo unquam in orbe visumsit vel salubrius institutum, vel magis absolutum, vel quod magis expetendum videatur...*", *Carta a Thomas Morus*, 1516, em *U.*, p. 636.

13. O destaque do "ou" é nosso.

14. *U.*, pp. 537-538. O destaque é nosso.

15. *U.*, p. 621. O destaque é nosso.

16. Não podemos pois seguir A. Prévost quando justifica sua tradução de "*optimam*" por "a melhor" pela impossibilidade de encaixar as instituições de Utopia "nas categorias do modelo ideal, encarnação de uma Idéia platônica"

(*U.*, p. 720): é apenas ao método descritivo de Hitlodeu que se deve atribuir a relatividade enunciada aqui; mas a própria Utopia é apresentada por Hitlodeu, de certa maneira, como "a Idéia platônica", a verdadeira República, a República perfeita. E assim, quando se trata do título da obra de Morus (comumente, *A Utopia*), convém traduzir "*de optimo (...) statu*" não por "relativo à *melhor* forma", mas por "relativo à forma *perfeita*". Não se pode dizer, com A. Prévost, que "os defeitos dos utopianos são evidentes o bastante para eliminar qualquer idéia de um modelo perfeito": os que são apresentados como tais (entre os povos contra os quais combatem "semeiam e cultivam elementos de discórdia, fazendo nascer no irmão do príncipe ou no coração de algum nobre personagem a esperança de tomar o poder", p. 574; a falta de escrúpulos com relação aos mercenários zapoletas, p. 578) não remetem às relações entre os utopianos, mas entre estes e seus inimigos. Seriam "defeitos" se fossem traços de comportamento *em* Utopia. Mas tal não é o caso: num realismo perfeitamente maquiavélico, Morus apresenta os procedimentos adequados para regular as relações com o exterior, com o "Velho Mundo", em vista da perenidade de Utopia, procedimentos que devem pois, necessariamente, ser adaptados ao Velho Mundo. Tudo isso não faz abandonar a "Idéia platônica"; o próprio A. Prévost é quem o diz: "para os utopianos platonizantes, todos os meios são bons se servem à justiça".

17. A tradução de A. Prévost ("Vossa imaginação não faz nenhuma idéia ou só pode fazer uma idéia falsa dessa solução") dá a impressão de que *rei*, na expressão *imago rei*, significa "disso", "do que acaba de ser exposto", quer dizer, da conclusão da "reflexão" (*reputo*, p. 439) de Rafael sobre a comunhão dos bens. A imagem impossível ou necessariamente falsa é a que seria tentada unicamente a partir do conceito, do conceito referido exclusivamente ao espírito que a produziu. E é por isso que não convém a tradução de M. Delcourt: "Não é de espantar", diz, "que penseis assim, pois que não tendes da *realidade* senão representação falsa."

3. A Essência pela Existência

UTOPIA NÃO É UMA QUIMERA

Utopia está portanto presente como uma realidade completamente absoluta, ao mesmo tempo essência, existência e tratado filosófico. O gênero utópico vai por conseguinte exigir, antes de mais nada, que essa existência apareça convencionalmente como indubitável. Thomas Morus, na *Carta a P. Gilles* de outubro de 1516 (?) em que apresenta sua obra, certifica a realidade de Utopia: em seu texto só teve uma coisa a fazer, "repetir o que vós e eu, juntos, ouvimos da boca de Rafael" (*U.*, pp. 342-343). Hitlodeu e Morus são, pois, as duas vias pelas quais Utopia se dá a conhecer aos homens e cada um atesta que a cidade perfeita existe perfeitamente. A própria personalidade de Morus, indiscutível, equivale por si só como uma garantia.[1] Quanto a Hitlodeu, são seu próprio registro e o de sua narrativa no tempo presente que conferem a sua descrição um valor realista: Rafael é apresentado como tripulante de Vespúcio, viajante real encontrado por Morus em Antuérpia durante uma missão diplomática igual e totalmente real. A confessada inadequação das descrições de Rafael ("acabo de vos descrever, com o máximo de verdade de que fui capaz...", p. 621), dando a entender que a cidade perfeita é mais do que uma simples visão do espírito sem qualquer norma senão a dela mesma, não deixa qualquer dúvida sobre a existencialidade e a essencialidade de Utopia.

Mas ainda é preciso que a imagem de Utopia desenhada por Rafael seja verossímil. Isso implica, primeiramente, que as descrições de Rafael se nutram dos relatos de viajantes da época, em particular os de Vespúcio. Mas de maneira mais fundamental, numa dimensão propriamente imaginária, isso exige um modo de exposição específico que passe indiscutivelmente como real o que é contado: será preciso pois que a descrição de Rafael seja o mais detalhada possível para, de alguma forma, "fazer crer". Tal é o anúncio no final do Livro I: "Meu caro Rafael, eu vos peço", diz Morus, "que vos digneis pois fazer-nos a descrição dessa ilha. Por obséquio, não sejais muito conciso, mas nos expliqueis em seqüência como são os campos, os cursos d'água, as vilas, os habitantes, os costumes, as instituições, as leis, em uma palavra, tudo o que, segundo vós, desejamos conhecer." "Nada poder-me-ia ser mais agradável", responde Rafael, "pois todos esses detalhes estão bem presentes em minha memória" (p. 446). E de fato P. Gilles escreve a J. Busleiden que, graças à transcrição do relato de Rafael por Morus, a ilha de Utopia é "apresentada, pintada e oferecida aos olhos" de tal forma que a cada leitura ele parece vê-la melhor, tal é a aptidão de Rafael para recapitular pontos "captados ao vivo", para "expor detalhes de um caso" (p. 337).[2]

Daí nenhuma fantasmagoria é possível; não se trata de imaginar monstros ou outros prodígios (p. 370) no delírio de uma produção sem regra nem verossimilhança, expansiva, transbordante, excessiva, de uma proliferação indeterminada. A Quimera, figura de alhures, é certamente utopista pelo fato de que através dela se percebe o processo de destruição/reconstrução que leva de um mundo real a um outro mundo real (suposto): o ser fantástico mostra que o real atual é ordem relativa que uma desordem poderia transformar em outra ordem. Mas Utopia não é uma Quimera: ela é (imaginariamente) o tempo do processo, ou seja, uma nova realidade cuja essência aparece diretamente na existência.[3]

Há pois aqui uma ruptura com as representações fantásticas das Terras Desconhecidas propostas na Idade Média e que, à sua maneira, estimularam o espírito de descobrimento das grandes navegações.[4] Honório d'Autun descreveu no século XII, no *De imagine mundi*, Ciópodes que caminham com um só pé e homens sem cabeça ou que se alimentam do mero aroma de uma fruta. Pierre d'Ailly (1350-1420), cuja *Imago mundi* foi lida e anotada por Colombo, afirmava a existência dos cinocéfalos, homens com cabeça de cachorro; Colombo supôs ter dado com o rasto deles em sua primeira viagem. Teopompo de Quio, nascido por volta de 380 a.C. e cuja inspiração deve muito a *Timeu* e ao *Crítias*, já havia povoado seu continente de gigantes. Morus não é dessa linhagem. Utopia não é um desses países idílicos onde as mulheres nascem em árvores[5]. Se tem muito das *Quatro navegações*, não retoma o encontro dos Gigantes (*O novo mundo*, pp. 112-113). E se Rafael navega "como Ulisses" (*U.*, p. 365), não se deparou com cíclopes. Tradutor, com Erasmo, dos *Epigramas* e dos *Diálogos* de Luciano de Samósata (c. 125-c. 192), Morus não retoma nenhum dos conteúdos da *História verdadeira*, cheia de cisnes com cabeça de mulher, de formigas-cavalos, de legumes alados e de arqueiros-pulgas.

Os delírios imaginativos de Fourier, as "copulações aromais" de seus planetas, o sabor de limonada da água do mar em regime harmônico, seus "antileões" e seus "antitubarões"[6] não são portanto exatamente utópicos. Há aí um outro utopismo que não o das descrições utópicas. A identificação da imagem e da existência aí se faz sob o domínio da imagem. E a razão, saber da existência, é então autorizada a usar as mais loucas expressões: "Se vossas ciências ditadas pela sabedoria só serviram para perpetuar a indigência e as aflições, dai-nos então ciências ditadas pela loucura, contanto que acalmem os furores e aliviem as misérias dos povos."[7] Com isso, a imaginação passa deliberadamente de mimética para criadora, mas sempre numa referência fundamental à existência. O regime societário, se não é o mesmo ser do regime civilizado, é do ser, uma essência que só pode aparecer numa existência (aqui antecipada e não já suposta lá).

UTOPIA NÃO EXISTE DE VERDADE

Utopia é portanto, também, fruto do cérebro de Thomas Morus. Utopia só é através da *Utopia*. No momento mesmo em que Morus afirma a realidade de Utopia, deixa entender que essa realidade é para ser pensada de modo imaginário. Seja qual for o eventual movimento iniciático que teriam por função introduzir (ver cap. 1), é preciso antes de mais nada compreender as denominações "negativas-positivas" (o *Anidro*, a *Acoria*, a *Alaopolécia*...) nessa perspectiva. Num outro registro, se o personagem Morus hesita sobre o comprimento da ponte de Amaurota (teria mesmo 500 passos?), não é que não se lembre mais do que lhe disse Rafael, mas porque seu criado John Clement entendeu diferente (se a largura do rio nesse ponto não ultrapassa 300 passos, como a ponte pode ter 500?). Morus pergunta então o que Gilles entendeu. Se este não se lembrasse mais, decidiria seguir a sua própria memória, com o risco de faltar à "sagacidade" (*prudentia*): "Preferiria dizer uma mentira do que cometer uma mentira." Donde a sugestão de que afinal Morus, com *A Utopia*, está apenas a "dizer uma mentira". Ademais, Rafael não é "Hitlodeu", isto é, "entendido" (*daios*) em "futilidades" (*uthlos*)? E, certamente, a "sagacidade" se opõe à existência de Utopia, cidade perfeita. Mas ele nem por isso "comete" mentira ao apresentar, através do procedimento utópico da exibição da cidade perfeita sob a forma de imagem, princípios aos quais adere totalmente e que são da ordem da filosofia, da política, da moral e da religião. E P. Gilles, ao reafirmar a realidade da existência suposta de Utopia, porquanto tal é a exigência da ficção que a faz aparecer, anuncia mais diretamente seu caráter fictício, literário, na *Carta a J. Busleiden* de 1º de novembro de 1516: "Pelos céus, eu facilmente acreditaria que o próprio Rafael viu menos coisas nessa ilha durante os cinco anos inteiros que passou lá do que a descrição de Morus faz crer" (p. 338). Assim, a inadequação postulada da descrição de Rafael (p. 621) é claramente anunciada como puro procedimento literário, dessa vez por essa nova inadequação entre sua própria palavra e a de Morus: Utopia não é de fato realidade extralingüística; ela não está em lugar algum exceto na descrição de Morus, assim como a descrição que fez Rafael jamais existiu fora da *Utopia*. Se a verdade, segundo os escolásticos, é "*adaequatio rei et intellectus*", *A Utopia* não é "verdadeira"; não que seja inadequada a Utopia, mas porque não se trata de "adequação" em suas relações. Utopia, realidade cercada pelas palavras que a proferem, realidade finita criada pela *Utopia*, só é através de Morus, ele próprio um ser finito.

A Utopia realiza, ao fazê-lo, a síntese de duas vias de acesso ao Novo: a descoberta (por Rafael) e a invenção (por Morus). A segunda, como texto, torna possível a primeira que, em troca, é um apelo para que esta segunda se torne processo prático real de invenção de um Novo Mundo. Há mesmo mais nessa dialética da invenção e da descoberta: na *Utopia* a descoberta pode ser diretamente pensada como invenção. Guillaume Budé diz isso claramente na sua *Carta-prefácio* à segunda edição de Paris (1517). Não apenas a invenção permite uma descoberta suposta, na qual a convenção utópica exige que se acredite: "É pois a THOMAS MORUS que devemos o conhecimento dessa ilha; foi ele que, em nossa época, propôs esse exemplo de vida feliz e esse convite a vivê-la, e cuja *descoberta* ele mesmo atribui a Hitlodeu, ao qual faz referência em tudo o que conta"; mas, além disso, a própria descoberta, assim envolvida numa invenção, é ao mesmo tempo apresentada, ela também, como uma invenção: mesmo admitindo que Hitlodeu seja de fato "o *arquiteto* da Cidade dos Utopianos e o iniciador de seus costumes e instituições, quer dizer, que de fato tenha ido buscar-lhes para nos trazer a prova de que a vida feliz existe, é certo que MORUS deu a essa ilha e a suas santas instituições o lustro do seu estilo e de sua eloqüência".[8] Rafael "arquiteto": sua "descoberta", inventada por Morus, é ela mesma pensável como "invenção".

É que cada uma dessas vias, de modo mais geral, remete à outra, como mostrou E. Bloch: a descoberta, quando científica, autoriza o surgimento da invenção e, quando geográfica, dá a conhecer invenções. Além disso, é, nela mesma, efeito de uma "secessão", de um "êxodo do Antigo para o Novo", como a invenção. Há portanto, nos dois casos, utopismo. Por sua posição original a esse respeito, pode-se dizer que *A Utopia* está na encruzilhada entre o que E. Bloch chama de "utopia antiga" — que caracteriza como aquela em que o "objetivo ao qual se tende (...) é uma espécie de realidade existente e à espera" — e "a utopia moderna" que, "embora rejeitando a existência de um objetivo já real e desde logo pré-ordenado, não trabalha num espaço vazio, mas sim num espaço repleto de possível real".[9] Utopia não existe, mas se supõe que exista.

O PARAÍSO TERRESTRE

A Utopia tira assim o utopismo do "paraíso terrestre existente" que dominava os espíritos na Idade Média e que não estava por acaso entre as motivações dos navegadores-renascentistas. Cristóvão Colombo leu na *Imago mundi* de P. d'Ailly que o "quarto continente", ao sul da Ásia, abrigava o Paraíso terrestre e sua terceira viagem teria por objetivo alcançá-lo. Por sua vez, Vespúcio afirma em seu texto de 1498 ao falar das terras que Colombo descreveu: "Se há em algum canto da terra um Paraíso terrestre, penso que não fica mesmo longe dessas regiões" (*O novo mundo*, p. 80).

A origem dessas esperanças geográficas foi o *Gênese* (II, 8-14), que faz uma descrição detalhada do Éden, situado "no Oriente", na nascente de quatro rios (o Tigre e o Eufrates, conhecidos, e o Pishon e o Gihon, desconhecidos). Desde o século II a.C., escritos intertestamentários como o *Livro dos jubileus* haviam estabelecido uma cosmografia do Éden. Fílon de Alexandria e Flávio Josefo, judeus helenizados contemporâneos de Cristo, encontraram referências na geografia antiga. Se Orígenes, por exemplo, no século III, se recusava a ratificar uma tal leitura das Escrituras, inúmeros foram os Padres da Igreja que pensavam, como santo Epifânio no século IV, que "se não há Paraíso sensível, não há origem (...) não há Adão (...). Se não há Adão, não há homens e tudo é alegoria".[10] Claro, depois da Queda o Paraíso foi proibido aos homens, mas não seus acessos imediatos, que de alguma maneira deviam se beneficiar de sua felicidade, desde então inacessível diretamente. Tal é por exemplo uma das razões da atração exercida pelo reino do preste João, que se supunha próximo do Paraíso terrestre. Esse utopismo do Paraíso terrestre existente e a buscar tem a ver com um tema mais geral, de que são outros momentos importantes, por exemplo, a busca do Santo Graal ou do Velocino de Ouro.[11] Assim e sem voltar aqui ao tema da Atlântida, Heródoto e Estrabão entre outros e depois Plínio o Velho, de maneira mais precisa, mencionam a existência de um povo bem-aventurado, os hiperboreais, que viviam para além do ponto de onde sopra Bóreas, depois de Tule, bem próximo ao pólo. Aqui, a bruma, o vento, a nebulosidade das paisagens figuram o Além no seu mistério e na sua dura estranheza. Em compensação, as Ilhas Afortunadas, igualmente descritas por Plínio, oferecem uma luz e bem-aventurança oníricas ao largo da Mauritânia. Os países de cultura celta (Armórica, Irlanda, Grã-Bretanha) crêem, por sua vez, numa terra de bela e jovem humanidade que estaria numa ilha ou submersa no mar.

De maneira geral, o caminho da descoberta é perigoso. E é representado pelo Atlântico, descrito desde a Antigüidade como mar de lodo e trevas. Com o cristianismo veio a explicação, a razão pela qual o lugar perfeito só pode se situar através de uma linha de pavor: a imensidão dos obstáculos que bloqueiam o acesso ao Paraíso corresponde à realidade do Mal. Nesse quadro, a viagem de são Brandan, monge irlandês do século V, é referencial. As várias narrativas dela entre os séculos IX e XI descrevem a superação de múltiplas dificuldades e a descoberta do Inferno e, depois, do Paraíso onde vivem santos.[12]

A geografia assim descrita é considerada real: Colombo acreditava na existência do Paraíso terrestre e a ilha de Brandan figura na maioria dos mapas da Idade Média (aparece ainda em 1569 no mapa de Mercator). Na "Índia", isto é, além, o impossível pode ser real, como as criaturas prodigiosas do reino do preste João ou seu palácio todo feito de ouro e pedras preciosas.[13] A *Divina comédia* de Dante, que se quer ao mesmo tempo verdade e beleza, abre outra via: poeticamente o Paraíso terrestre está no alto do *Monte Purgatório*, antípoda de Jerusalém. Nessa síntese fundamental do imaginário e do real, que infelizmente não podemos aprofundar bastante aqui, anuncia-se de forma bem direta o gênero literário utópico, para além das diferenças de conteúdo. Mas o real de que se trata aqui ainda não é o da *Utopia*. Utopia não é Paraíso terrestre ou proximidade do paraíso terrestre mais *supostos* do que *afirmados* como existentes: ela é Terra que os homens tornaram nova.

A UTOPIA É UM ROMANCE

O conteúdo da *Utopia* não tem o estatuto de um mito, se por tal se entende uma "História (...) considerada absolutamente *verdadeira*" por aqueles que nela acreditam, segundo a caracterização do mito nas sociedades arcaicas feita por Mircea Eliade:[14] a "verdade" de Utopia é só por convenção. Mas se o mito tem antes de tudo como significação, segundo a crítica platônica, que ser um discurso de auto-referência, Utopia, que só existe pela *Utopia*, é "mito", mas mito então que se confessa tal. Platão via o limite do mito na sua autonomia face à realidade à qual pretende remeter, na ilusão da consistência ontológica dos seres que o povoam e que não significam qualquer realidade sensível ou inteligível exterior a ele. Isso vale para *A Utopia*, apenas com a diferença de que a representação do ato mesmo de representação faz aí toda a representação, o que não é o caso do mito, o que muda tudo. Com efeito, se na tragédia grega, teatralização do mito, a representação pela qual o mito existe é oferecida em espetáculo enquanto tal pelo coro, é um lugar distinto, que só tem exatamente sentido por sua distinção.[15] Mas com *A Utopia* tudo é só representação de uma representação, pois que só há espetáculo pelo espetáculo do olhar de Rafael. O processo de representação de Utopia é a coisa mesma representada. A ópera tem assim com Fourier um estatuto perfeitamente utópico. Fourier reserva-lhe um lugar privilegiado no seu mecanismo societário. É que, de maneira muito fundamental, a vida cotidiana em Harmonia deve ser espetáculo permanente e total, de forma que a ópera é paradigma da sociedade inteira: "A ópera será (...) cara aos harmonianos como imagem do regime social que lhes dará felicidade."[16]

Só há pois Utopia através de Rafael. Mas só há Rafael através do texto de Morus. E aí *A Utopia* deixa o registro clássico do mito, que se transmite por tradição oral, sem com isso entrar no da narrativa referenciada, que tem um significado exterior pelo qual pode ser avaliada. O texto na *Utopia* não apenas não tem por função controlar a adequação da narrativa oral a uma realidade existente ou que existiu outrora (como o exige o sacerdote de Saís no *Timeu* e no *Crítias*, recusando por conseguinte que seu relato seja tomado por mito),[17] mas é aquilo pelo que, única e precisamente, Utopia existe: nasce quando Morus transcreve a narrativa oral de Rafael, a qual só tem existência pelo que escreve Morus. A utopia é propriamente gênero literário. O ser de Utopia é forjado pelo texto. Mas, além disso, Utopia é dada a ver como um texto é dado a ler: a cidade ideal é como uma página cujas partes se percorrem sucessivamente mas cuja presença, absoluta, envolve os vários momentos do olhar para lhes dar sentido. A homogeneização, a estandardização dos elementos que a compõem é assimilável à dos caracteres tipográficos.

Como produto confesso da escrita, Utopia tira pois sua consistência ontológica do livro que a faz ser. Ora, tal é precisamente a relação ontológica que permite compreender a própria Utopia: a existência de Utopia é só aquilo em que está sua essência, como a existência da *Utopia* (como texto) é só aquilo em que está sua essência (Utopia). Assim, a utopia, como gênero literário, não deixa de lembrar o *De rerum natura*, poema filosófico que expõe uma doutrina (a física epicurista) por meios que a própria doutrina legitima, como mostrou Jacques Moutaux.[18] Morus também expõe uma doutrina (a do ser, mais especificamente a do ser político) através de um processo literário que se justifica por essa própria doutrina, para além de um simples uso retórico a fim de facilitar o acesso: se o ser é ao mesmo tempo essência e existência, isso vale tanto para *A Utopia* como para Utopia.

A IMAGINAÇÃO PRODUTORA

Morus insere-se assim de maneira original no movimento pelo qual o Renascimento passa da imaginação-*mimese* para a imaginação criadora. Marsilio Ficino (1433-1499), na sua *Theologia platonica* (e em especial o livro XIII), associava a uma filosofia da beleza de origem platônica uma teoria do artista criador que quase rivaliza com Deus. Para Fracastor (1478-1553), a arte jamais é uma simples imitação do real e os poderes da imaginação são tais que "um homem poderia andar sobre as ondas se fosse movido por uma grandíssima imaginação" (*Turrius*). Também segundo Paracelso, "a imaginação dirige a vida do homem. Se pensa fogo, ele é fogo (...). Tudo depende do desejo do homem de ser sol, quer dizer, de ser totalmente o ele pode ser".[19] Para Giordano Bruno (1548-1600), "o espírito imaginativo" (*spiritus phantasticus*) é "o órgão sensorial mais sintético e o primeiro corpo da alma".[20] A imagem é capacidade criadora de ligações. Ele articula uma teoria da crença, que dá conta particularmente do milagre pela arte que o espírito culto detentor de um domínio das forças da natureza exerce sobre a imaginação do povo. Mas para Giordano Bruno a imaginação tem igualmente uma função teórica: rompendo as evidências da percepção numa crítica da antropomorfização do espaço, dos "lugares naturais" aristotélicos, ela permite formular hipoteticamente a infinitude do universo. Essa é talvez, aliás, a verdade da imaginação no Renascimento: estar à altura do que o pensamento pressente sem poder prová-lo. Bruno vê no universo "tudo o que ele pode ser" enquanto desdobramento, dilatação de Deus, fora de toda Criação que teria de optar entre essências preexistentes, pois "ele contém toda a matéria" e "assume todas as formas em sua forma única, que é Alma universal" (*Causa*, III).

Que é feito então do projeto utópico de um Novo Mundo descrito numa cidade ideal que se supõe existente? De maneira mais geral, a política pode se satisfazer com uma abordagem imaginária? Sabe-se qual foi a resposta de Maquiavel em *O príncipe*: "Sendo minha intenção escrever coisas aproveitáveis para quem as ouvir, pareceu-me mais conveniente seguir a verdade efetiva da coisa em vez da imaginação dessa coisa. Muitos imaginaram Repúblicas e Principados que jamais foram vistos e conhecidos como verdadeiros. Mas há tanta distância entre a maneira como se vive e aquela segundo a qual se deveria viver que quem trocar o que se faz pelo que se deveria fazer aprende antes a se perder do que a se preservar" (cap. XV). Tal é a sorte dos "profetas desarmados" como Savonarola. "A verdade efetiva da coisa, em vez da imaginação dessa coisa": a identificação utópica do ideal e do real pela imaginação é portanto rejeitada, mas num sentido bem preciso. Com efeito, a cientificidade da política assim reivindicada não deve ser compreendida como exclusiva consideração de um "real" cujo sentido é a ultrapassagem ou a negação das "aparências" e das "imagens". Precisamente, como indica o capítulo XV, a "verdade efetiva da coisa" que o político deve conhecer é a das relações entre a maneira como os príncipes *aparecem* aos homens, "as coisas pelas quais são louvados ou censurados", e a preservação "real" do seu Estado. É preciso que o príncipe saiba usar sua imagem, sua aparência: não *ser* necessária e realmente um príncipe corajoso, benfeitor, generoso etc., mas de qualquer forma *parecer* que o é quando isso lhe for útil, assim alcançando o que pretende; e, em compensação, não hesitar em ter um comportamento que aos olhos do moralista "pareça ser vício", se necessário, nos casos em que seguir o que "parece ser virtude" e levá-lo à prática "seria sua ruína". A imagem pode assim ser produtora se for regulada pelo real, que aqui é o sucesso da ação; ela não vale por si mesma, não mais do que, em um sentido completamente diferente, a imagem que oferece a descrição de Rafael. Ciência do jogo das aparências, da imagem e do ser, tal é a via da "verdade efetiva da coisa". E essa "verdade", fundamentalmente, faz mal em se dizer tal: o discurso maquiavélico é com efeito dirigido com um objetivo (o de expor as molas do sucesso) que conduz paradoxalmente à ocultação como um de seus efeitos fundamentais; é o que leva, por exemplo, a dever camuflar que a religião é um meio de dominação política. No essencial, antes de ser uma negação da imaginação, o antiutopismo maquiavélico consiste pois na constituição da política como campo autônomo no qual os valores morais se acham desrealizados.

Com Maquiavel estamos certamente bem longe de um pensamento como o de Paracelso, que confere à imaginação a função de curar o mundo e a sociedade, no quadro de uma doutrina das correspondências entre o mundo exterior e o mundo interior, através de uma química mítica, de uma magia, de uma alquimia e de uma astrologia. Mas na *Utopia* também não se trata disso: se Utopia existe apenas pela escrita de Morus, é unicamente de forma imaginária. Mas com isso, como vimos, surge uma doutrina do ser, que ultrapassa a simples exposição romanceada de uma cidade ideal.

UTOPIA COMO SIGNO E COMO MODELO

Nenhum utopiano jamais conseguiu ver "o 'homem em geral' (*hominem ipsum in communi*), como é chamado — sabeis, esse verdadeiro colosso que supera todos os gigantes" (*U.*, p. 513). Tudo está dito: "o homem em geral" está ausente da ontologia de Utopia, onde só se conhecem homens singulares, existentes, e da mesma forma só há "utopia" por Utopia, cidade singular que se supõe existir. A ontologia de Morus é então nominalista, o que poderia se reportar às influências intelectuais da Universidade de Oxford, onde Morus estudou de 1492 a 1494 e onde Guilherme de Ockham (nascido entre 1280 e 1290 e falecido em 1349 ou 1350) havia lecionado? Segundo Ockham, com efeito e com todo o rigor, "chama-se singular a coisa fora do espírito que é uma e não várias e não é sinal de outra."[21]

Mas isso não é tão simples. Como já dissemos, Utopia é semelhança acabada, imagem tão perfeita que aquilo de que é imagem aparece imediatamente na descrição pela qual Rafael a suscita. Em linguagem agostiniana, Utopia poderia significar, em suma, participar perfeitamente da idéia de Participação. Para Agostinho os seres são, com efeito, por participação nas idéias de Deus, e dessa própria participação há idéia, para que ela seja: tal é a Semelhança, por cuja participação as coisas são o que são ao se assemelharem às idéias divinas. Para Agostinho essa Semelhança é o Verbo, isto é, o Filho que, como Imitação perfeita do Pai, representa identicamente aquele que o engendra. Mas de fato Utopia é mais do que isso: imagem perfeita, é também ao mesmo tempo aquilo de que é imagem. Mantendo a referência agostiniana, teríamos que dizer então que ela participa perfeitamente da idéia de Participação enquanto imagem perfeita mas que, além disso, graças a essa participação perfeita, é na terra aquilo de que se pode ter imagem: imagem perfeita (na terra) e modelo perfeito (na terra), em duas modalidades de participação perfeita na idéia de Participação, uma exprimindo perfeitamente, em suma, a forma da participação, e a outra o conteúdo absoluto a que uma tal participação perfeita permite aspirar. Utopia seria assim, na terra, o Filho e o Pai.

A Utopia, representação de uma representação (o discurso de Rafael) cujo objeto (Utopia) é ele próprio representação, não pode pois ter a ver com a ontologia de Ockham, para quem o existente singular último é só o que é e não representação de si mesmo. Tanto mais que esse existente, além de não se representar, também não é para Ockham signo de outro existente. Ora, não apenas Utopia é representação (como imagem) de si mesma (como essência), mas também, de maneira bem particular, signo de outros supostos existentes, e isso pela sua própria condição de representação.

A imagem que se tem de Utopia pela descrição de Rafael e que é a imagem da cidade perfeita como existente singular suposto é também com efeito aquilo pelo que podemos pensar outras cidades perfeitas, idênticas a Utopia e que supõem igualmente existentes: suas colônias (*U.*, p. 482). A semiologia ockhamiana recusava pensar o signo como representação, impressão ou imagem. Segundo Ockham, pensar uma coisa ou uma série de coisas exteriores não é fazer disso uma "representação", cópia interna, pintura no espírito, como não é atribuir às idéias uma realidade "objetiva". O conceito, como signo, certamente existe no espírito, mas somente enquanto remete a outra coisa, como puro objetivo, quer dizer, propriamente como "signo". Utopia, ao contrário, é signo enquanto representação. A essência que representa é sua essência individual e, ao mesmo tempo, a de toda "utopia", em suma essência universal. Com Utopia, apreende-se o geral pela apreensão do singular. E é signo por isso. Mas é signo numa relação complexa, pois o que significa (as outras Utopias) por sua representação (da essência da cidade perfeita) só é enquanto representação de si mesma. As colônias de Utopia, ainda menos que a própria Utopia, não são simplesmente existentes singulares últimos. São antes de mais nada imagens de Utopia e imagens no sentido forte, agostiniano, de que a imagem não é apenas semelhante àquilo de que é imagem ("a colônia é governada segundo as leis utopianas" — ibid.) mas engendrada pelo ser ao qual se assemelha. Utopia, modelo de si mesma, pode ser portanto modelo de suas colônias. Assim, as colônias são significadas por uma representação (Utopia) que elas por sua vez representam. Se Utopia, como representação de si mesma, é signo de suas colônias, estas a representam como o sentido último do seu ser (delas). Utopia é, pois, signo de suas colônias; ela permite pensá-las, mas enquanto é seu modelo como existente singular e não como idéia ou conceito. O que contraria tanto a ontologia ockhamiana como o realismo idealista platônico.

A origem dessa relação de representação como relação de significação está na estrutura mesma de Utopia, confederação de cidades idênticas. Se descrever Utopia é, mais precisamente, descrever suas 54 cidades (*civitas*), Rafael não precisa para isso nos mostrar todas elas: "Línguas, costumes, instituições, leis, são idênticas por toda parte; todas têm a mesma configuração e todas, na medida em que o sítio o permite, a mesma aparência" (pp. 450-453). E o mesmo ocorre em cada núcleo urbano (*Urbs*), centro institucional da cidade:

"Quem só conhece uma urbe de Utopia conhece todas, pois, se a configuração do terreno não o impede, todas se assemelham sob todos os pontos de vista. Descreverei portanto apenas uma, ao acaso, não importa qual..." (p. 457). E Rafael escolhe Amaurota, certamente não de todo ao acaso mas, pelo menos à primeira vista, por motivos que não concernem o seu ser mesmo e que se prendem apenas às circunstâncias[22]. Mas acontece que Amaurota é a capital, o centro do poder, quer dizer, daquilo pelo que Utopia (= todas as suas cidades) é[23]. E desse ponto de vista, então, ela é sentido, modelo, ao mesmo tempo que signo de todas as outras urbes de Utopia. As restrições geográficas que acompanham essas identificações de urbes e cidades ("na medida em que o sítio o permite"; "se a configuração do terreno não o impede") têm por função assinalar que a existência de Utopia não é sua essência, embora sua essência seja apenas por sua existência. Utopia é "forma perfeita da comunidade política" *e* ilha vista e descrita por Rafael. Que uma não possa ser sem a outra não deve fazer esquecer que há aí *dois* momentos distintos. A reiteração de Utopia, de cada uma de suas cidades, de cada uma de suas urbes, é reiteração de essências em existências (e somente em existências) que, por serem eventualmente diversas, fazem-nas aparecer. Sem que por isso uma essência separada, *ousia* platônica, deva ser suposta como sua origem comum, essas aparências podem pois não se assemelhar estritamente.

Nessa estrutura, o Finito é portanto princípio: uma essência terrestre e perfeitamente determinada envolve uma multiplicidade, ela também determinada (uma cidade vale por 54 cidades), e com isso permite pensar o infinito (a multiplicação indefinida das colônias). O que leva a uma solução possível e original das aporias do *Parmênides* sobre as relações do um e do múltiplo. Na *Utopia*, como em Ockham, a essência não existe à parte daquilo de que é essência. Mas isso não é compreendido da mesma maneira: se não há que temer que a essência de Utopia se perca na multiplicação de suas colônias, devendo ser em cada uma totalmente ou em parte, é porque de Utopia para elas a relação é de reiteração; a essência que têm em comum está portanto totalmente em cada uma, ao mesmo tempo que é em cada caso a mesma essência, e essência presente na unidade de uma cidade distinta. O que é modelo não é a essência de Utopia como ser separado, mas a própria Utopia (claro, por sua essência). Porquanto a identidade de Utopia e de suas colônias não é pensada na separação daquilo através do que há identidade (a essência), não há que procurar, ainda uma vez de forma separada, um "terceiro" ser que seria o que há de comum entre Utopia e tal ou qual colônia: o "comum" (a essência comum de Utopia e de cada uma de suas colônias) jamais foi considerado como podendo ser por si mesmo, não havendo como supor, à parte, um "comum" do "comum" e de um outro existente que também exprima esse "comum". Utopia modelo é uma cidade que origina reiteração, sem privilégio ontológico: como suas colônias, ela é ao mesmo tempo essência e existência, essência pela existência.

Se não há em Utopia nem nominalismo nem platonismo, onde buscar então uma compreensão da estrutura teórica espantosa das relações de representação-significação que ela institui? Relações que funcionam ao mesmo tempo na homogeneidade dos termos, numa descentração radical ("Descreverei portanto apenas uma, ao acaso, não importa qual...") e numa paradigmatização afirmada (Utopia em relação às colônias, Amaurota em relação às outras urbes).[24]

NEM NOMINALISMO NEM REALISMO

Parece que Morus chegou a Oxford no momento em que se desencadeava, numa ruptura com a orientação tradicional da universidade, uma violenta reação contra o ockhamismo, empreendida em nome de uma tentativa de síntese de Aristóteles com João Duns Escoto (1265-1308). Pode ser que Morus tenha encontrado aí uma inspiração para superar a oposição entre nominalismo e realismo. Pelo menos isso seria coerente com a sua profunda aspiração ao sincretismo filosófico.

Sabe-se como Aristóteles critica a teoria platônica das Idéias, nos Livros A, M e N da *Metafísica*, dando seqüência a clássicas discussões da Academia cujos mais antigos testemunhos estão na primeira parte do *Parmênides*. Após o próprio Platão, Aristóteles desenvolve particularmente o argumento do "terceiro homem" (*Metafísica*, A, 990b10; 991a). E, de forma mais geral, sobre as dificuldades da participação, diz: "Parece impossível que a *ousia* seja separada daquilo de que é *ousia*" (*Metafísica*, A, 9, 991b). A *ousia* (a substância, a essência) é o ser das coisas, aquilo em que e pelo que os acidentes podem existir (a "brancura", por exemplo, em um ser) e aquilo do que se podem dizer predicados que enunciem o que ele é ("homem", por exemplo). O ser (*ousia*) de um homem branco existente não se deve portanto procurar na Idéia platônica do "Branco" ou da "Humanidade". A *ousia* é esse homem mesmo, do qual se pode dizer que é "homem" e que tem a qualidade de ser "branco".[25]

No entanto, enquanto para Ockham, por exemplo, o conhecimento do singular é inteligibilidade direta por "intuição" do próprio singular, para Aristóteles a ciência só é possível pela universalidade do predicado: "A demonstração universal tende para o simples e o limite. Ora, enquanto ilimitadas, as coisas particulares não são conhecíveis; só o são quando limitadas".[26] O universal é objeto de ciência, uma vez que só há ciência do geral e o gênero (cuja generalidade é a extensão) é determinado pelo limite do universal. Mais ainda: se um ser (*ousia*) é como sujeito individual e é o que ele é, é porque não é simples potência de ser, mas ser em ato. Fundamentalmente, o ser é o ato (*energeia*) mesmo em virtude do qual uma substância é o que ela é. Ora, uma substância é o que ela é, tem uma quididade,[27] por sua forma (*eidos*), sua essência, que, determinando sua matéria, ser unicamente em potência, a faz verdadeiramente ser, quer dizer, em ato.[28] Mas ao colocar assim a forma ou a essência como a raiz última do que é, Aristóteles acaba por fundar a substancialidade na universalidade: se Sócrates é, é porque não é somente corpo, mas homem, e Sócrates não é o único homem. Certo, cada ser possui sua própria forma, em virtude da qual ele existe como unidade ontológica distinta. Mas "o que o homem é" é o mesmo em todos os homens: "Uma substância particular, *homem*, não pode ser mais ou menos *homem*, quer mais ou menos ela mesma num outro tempo, quer mais ou menos outro homem (...) Uma substância não pode ser dita mais ou menos o que ela é" (*Categorias*, I, 5, 3b-4a). E isso se deve precisamente ao fato de que a forma não tem nenhuma realidade fora das substâncias. Não é um sujeito determinado, um "este aqui" (*tode ti*), mas um "de tal modo" (*toionde*), realizável em diversos sujeitos: "Na verdade, a forma indica uma coisa de tal qualidade, não é em si mesma coisa alguma de individual e definido, mas a imposição da forma produz ou engendra a partir de tal ser determinado um ser de tal qualidade e, após a geração, tal ser individual é um ser que tem tal qualidade" (*Metafísica*, z, 8, 1033b20-21). Há portanto uma "bola de arame geral" em relação a "tal bola de arame particular", assim como "homem" em relação a "Cálias" ou "Sócrates". Com isso se estabelece que a ciência é conhecimento do universal, que tem por objeto os indivíduos.

Todavia, nesse ponto, Morus não é exatamente aristotélico. Utopia, já dissemos, é modelo de suas colônias ao mesmo tempo que as significa: "a colônia [é] governada segundo as leis utopianas" (*U.*, p. 482). Não é esse o caso na política de Aristóteles, onde a determinação rigorosa da essência da cidade (*polis*), que permite estabelecer a unidade de uma multiplicidade, não implica de modo algum que tal cidade possa valer como modelo. Para Aristóteles a cidade é, por natureza, a comunidade perfeita na qual os homens podem encontrar a manifestação de sua natureza e, portanto, a felicidade[29]. Por conseguinte, trata-se de determinar a constituição (*politeia*) que por sua "excelência" (*areté*) convenha à cidade feliz (*Política*, II, 4). Ora, como são diversas as situações humanas, essa excelência, não que seja impossível, mas deve existir de variadas maneiras. Que não haja "senão uma única constituição que seja por toda parte a melhor" (*Ética a Nicômaco*, V, 10, 1135a5) significa que em cada situação concreta há uma só e única forma constitucional excelente (ver o início de *Política*, IV). E com isso Aristóteles é levado a formular a necessária determinação do concreto (geográfico, histórico...), de tal sorte que seja determinado o regime apropriado a cada povo (ver, por exemplo, *Política*, III, 17). Convém, é certo, que em cada caso governem, segundo o princípio da "igualdade proporcional", os que merecem, permitindo assim que o poder seja exercido para o benefício comum dos governantes e dos governados.[30] Mas a adaptação de uma constituição continua a ser condição mesma de sua excelência.

Isso deve ser tomado numa perspectiva mais ampla, que é a do estatuto geral da existência. Utopia é cidade perfeita (essência), "a única que pode reivindicar com todo direito o nome de República" (*U.*, p. 621). E se supõe que exista, pelo menos "supera" a cidade ideal de Platão. Ela é pois simultaneamente essência e existência e, mais precisamente, essência que só se desvela numa existência, na distinção desses dois momentos do ser. Utopia é essência *e* existência e por isso o título da obra que a dá a conhecer é "*...de optima reip. statu*, deque *nova Insula Utopia*". Ora, a significação de que não há essência separada, em Aristóteles, é que a existência de uma coisa consiste na atualização de sua essência. A matéria dessa coisa não é a sua existência, que receberia, com a essência, o ser para fazer um ser existente. A matéria em si mesma é apenas ser em potência, quer dizer, não é em suma verdadeiramente. Ela só existe por sua informação, quando a essência a determina a ser, quer dizer, a ser isso ou aquilo. Compreende-se assim que nenhum indivíduo (uma cidade, por exemplo) possa ser modelo: outras atualizações, diferentes, da mesma forma são igualmente possíveis, segundo as matérias informadas. Não há pois, em Aristóteles, dimensão ontológica específica da existência,[31] enquanto que Utopia como ser absoluto é ao mesmo tempo *ousia* (o que ela é, sua essência, no sentido medieval, mas também ser verdadeiro, ser que é de verdade) *e* existência empírica dessa *ousia*.

Utopia não é platônica porque, como essência pura, não é acessível à exclusiva inteligência, mas se dá a ver na descrição sensível do viajante Rafael. Mas também não é aristotélica, porque o fato de que existe (em imaginação) concretamente, empiricamente, não se identifica de maneira simples com a posição de sua essência: sua existência acrescenta alguma coisa e faz com que "supere" o que só é como essência, assim como, inversamente, a existência de Atenas mítica em Platão "acrescenta" também, se assim podemos dizer, alguma coisa à essência da cidade perfeita, mas aqui de forma negativa, ao produzir com a empiricidade do Devir um déficit de ser.

Mas é num mesmo movimento que Utopia é o que é, é de verdade e existe. A essência de Utopia dá-se a ver na sua existência, que dela não se distingue realmente. Há de fato uma ontologia utópica da existência, mas que é impossível colocar à parte da ontologia da essência. E é por isso que, se Platão e Aristóteles não podem oferecer o quadro teórico que convém a Utopia, também são Tomás de Aquino (1224-1274) não pode: o "existir" (*esse*), como ato próprio da substância, distingue-se realmente, para ele, d'"aquilo que é" essa substância, não sendo jamais a essência da criatura o seu ato de existir.

A utopia terá a ver então com a doutrina da *natura communis* de Duns Escoto na solução original (e complexa) que propõe para o problema da distinção não real entre essência e existência? O essencial, talvez, é que João Duns Escoto pretende fazer a questão dos universais escapar ao debate do "realismo" e do "nominalismo". As coisas são singulares e só elas existem: para ele não há discussão aí. Mas, de um lado, elas mantêm entre si relações de semelhança ou de comparação ou de contrariedade; de outro, conhecê-las exige que sejam referidas a outra coisa além de sua singularidade somente (Sócrates só é Sócrates: é um homem, como Platão também é um homem, não sendo nem um nem o outro, por exemplo, uma linha). É preciso pois, para tornar possíveis as relações reais entre os entes, assim como o seu conhecimento, que haja "naturezas comuns". Não se trata certamente de "coisas". Mas é que só as coisas são reais.

Segundo Duns Escoto, a essência é, de imediato, comum. Está na própria coisa, que só existe enquanto ela é singular e que deve sê-lo a "um *aliquid* (...) que contrata essa natureza" (*Ordinatio*, II, d.3, § 42). Essa natureza torna-se um "isto" (*haec*) pelo acréscimo interno de uma diferença "contratante" (*differentia contrahens*). Esse acréscimo não é uma "coisa" que se acrescenta à "coisa" compreendida como "natureza comum". Ele é suplemento de forma. A "natureza comum" distingue-se assim formalmente da "natureza individuada" no processo da "hecceidade". Essa "não-identidade formal" faz com que uma coisa idêntica (por exemplo, um homem) seja composta de formalidades diferentes (ele é vivo, ele é racional). A formalidade é um aspecto do real, que a constitui. Não se pode portanto dizer que ela se distingue da coisa simplesmente devido a razão. Mas não é nem uma coisa nem parte de uma coisa e, se há de fato distinção, não é também portanto no sentido em que duas coisas se distinguem. A "natureza comum" não existe em si, a comunidade é da ordem das condições de possibilidade: ela pode ser todos os singulares, não sendo efetivamente nenhum.

Assim a posição de Escoto não é evidentemente nominalista: "a comunidade convém à natureza fora do intelecto e, de modo semelhante, a singularidade" (ibid.). Mas também não pode ser colocada, sem precaução, no campo realista, se neste às representações intelectuais, às palavras, correspondem diretamente coisas: "a universalidade não convém à coisa por si mesma" (ibid.). As palavras são ditas de várias coisas, que só existem nas suas singularidades. O "comum" não é uma coisa, uma *res*, mas uma "realidade" da essência, o que não é o "universal", que só é na linguagem e na inteligência. O "comum" só tem "universalidade" na "intenção" do espírito, que por sua vez só é possível se a comunidade tem um fundamento real nas coisas.

Utopia, então, é escotista? Certo, em Utopia essência e existência se distinguem sem que essa distinção seja real. Nisso *A Utopia* está mais próxima das posições teóricas de Duns Escoto do que das de Ockham, de Aristóteles ou de Tomás de Aquino. Mas o escotismo é fundamentalmente um essencialismo que vê na existência uma contração da essência. A individuação em Escoto não tem a ver com a matéria; é uma virtualidade da própria "natureza comum" diferenciar-se em coisas individuais ou singulares, informando-a a natureza" individida. Assim, o *ipsum esse* não é diretamente conhecível por si mesmo. Em Escoto compreende-se a existência pela essência, o singular existindo pelo "universal", que supõe, como vimos, a "natureza comum". Assim, a "não-identidade formal" escotista não permite apreender a maneira como *A Utopia* junta a existência à essência e faz com que Utopia "supere" a "cidade platônica": a essência de Utopia só é e só se compreende pela existência de Utopia. Nela o que é primeiro, tanto no plano do ser como no plano do conhecer, é a existência.

Foi de fato na terra que Rafael viu Utopia e isso traça, como já dissemos, o limite da imaginação que a faz ver: fazer ser uma realidade na qual a essência se desvela na existência, uma existência que só é de outro mundo no sentido de que se trata sempre da realidade deste mundo. Que dizer então, por fim, da ontologia de Utopia? Utopia não é cidade platônica nem pode ser compreendida adequadamente pelas diversas referências teóricas que acabamos de examinar e com as quais o Renascimento se esforçava em romper. Não mais que da cidade de Platão, ela não é "êmulo atual" de Aristóteles, de Agostinho, de Duns Escoto nem de Ockham. O que é então?

Se com *A Utopia* é pela via do imaginário que Morus faz filosofia, que apresenta a solução de problemas teóricos, é sem dúvida particularmente porque essa solução não vai de si e porque, com as problemáticas da época, teria sido provavelmente bem difícil formulá-la teoricamente: ela é materialista na sua tendência fundamental. Utopia, realidade se fosse, é da terra, existe antes de mais nada, e essa realidade é material, pois que se supõe existir independentemente da descrição que se faz dela e com uma essência que não é sem ela. Essa existência é totalmente transparente ao conhecimento, fora de toda mística de um existir puro, inefável, que só seria acessível numa ordem não racional. Pode-se conhecer a realidade, e conhecê-la com um conhecimento da razão, porque ela concerne, em última análise, ao universal: essa tendência materialista é uma tendência racionalista.

NOTAS

1. "Para que se esforçar em encontrar argumentos que dêem mais crédito à narrativa se temos o próprio Morus como eminente fiador?" — diz P. Gilles na *Carta a J. Busleiden* de 1º de novembro de 1516 (*U.*, p. 341).

2. Por conseguinte, não há por que Morus proceder em seu relato de maneira vaga em relação a pontos sobre os quais recebeu uma informação precisa de Rafael; assim, hesita quanto ao comprimento da ponte de Amaurota: teria 500 ou 300 passos? (p. 349).

3. Não se trata também de construir uma narrativa apelando para uma interpretação alegórica do tipo das que Platão critica no *Fedro* ao se referir a quem intenta "pôr de pé a forma dos Hipocentauros e ainda a da Quimera, submergido que é pela multidão de Górgonas e Pégasos que são da mesma natureza e por chusmas de seres outros inexplicáveis e pelas extravagâncias das criaturas de que falam os discursos sobre os monstros" (229b-230a).

4. Ver J. Delumeau, *La civilisation de la Renaissance*, Arthaud, 1984, pp. 43 e seg.; T. Gomez, *L'invention de l'Amérique*, Aubier, 1992, 2ª parte, "a parte do sonho".

5. Como na narrativa que Amometos, citado por Plínio, dedica aos atacoras.

6. *Manuscrits*, vol. 4, em *Œuvres complètes*, t. XII, p. 13; *Théorie des quatre mouvements*, t. I, p. 45; *Théorie de l'unité universelle*, t. IV, p. 255; *La fausse industrie*, t. VIII, p. 163.

7. *Théorie des quatre mouvements*, t. I, p. 283.

8. *Carta a Thomas Lupset*, 31 de julho de 1517, em *U.*, p. 326. O destaque é nosso.

9. *Principe Espérance*, II, pp. 366-368 (e, mais amplamente, pp. 362-369).

10. Citado por M. Alexandre, "Entre céu e terra. Os primeiros debates sobre a localização do Paraíso", em *Peuples et pays mythiques*, Les Belles Lettres, 1988. Sobre o Paraíso terrestre existente, ver J. Delumeau, *Une histoire du Paradis. Le jardin des délices*, Fayard, 1992; S. Jouty, *À la recherche du Paradis*, Arthaud, 1992.

11. Ver E. Bloch, *Principe Espérance*, II, "As utopias geográficas", pp. 361-417.

12. Ver J. P. Bayard, *La légende de saint Brandan*, Guy Trédaniel, 1988 (versão em francês moderno da lenda do século IX, com comentários).

13. Mas o que leva a essa crença procede talvez de uma fabulação deliberada, como no caso da falsa narrativa da volta ao mundo de sir John Mandeville por volta de 1355. Da mesma forma, o reino do preste João foi dado a conhecer por três cartas enviadas por um autor desconhecido, por volta de 1165, ao imperador Frederico Barba Ruiva, ao imperador bizantino Manuel, que não lhe deram crédito, e ao papa Alexandre III, que acreditou.

14. *Aspects du mythe*, p. 30.

15. "O coro é a materialização da representação no interior mesmo do representado (...) A representação espetacular é ela mesma um elemento do espetáculo (...) Também (...), a presença do coro em cena fecha totalmente a representação sobre si mesma", diz L. Marin (*Utopiques: jeux d'espaces*, p. 95; ver pp. 92-101).

16. *Théorie de l'unité universelle*, t. 5, p. 83. Ver C. Morilhat, *Charles Fourier, imaginaire et critique sociale*. Méridiens Klincksieck, 1991, cap. IV, "O mundo como ópera".

17. Assim, se o detalhe garante a verdade da narrativa, sua exposição será feita (se o tempo o permitir) "remetendo-nos aos próprios textos" (*Timeu*, 24a).

18. Em "Poesia e verdade. A propósito do De Rerum Natura", *L'enseignement philosophique*, nov.-dez. 1991, J. Moutaux mostra que a imagem do copo em Lucrécio, que justifica a forma poética ("Quando os médicos querem que as crianças tomem losna amarga, disfarçam colocando um doce e dourado mel na borda do copo... Assim agora eu, sabendo que nossa doutrina é amarga demais para quem jamais a praticou e que o vulgo diante dela recua de horror, resolvi expô-la a ti na doce linguagem das Musas e, por assim dizer, impregná-la do seu mel", I, 936 e seg.), é de significação espicurista: a filosofia é terapêutica, o conhecimento curativo é a física, o ignorante é uma criança. O atomismo epicurista, ademais, autoriza a mistura de substâncias estranhas, como por exemplo a losna e o mel, o que legitima o poema filosófico. Além do mais, ressalta Moutaux, "a doçura do mel na borda do copo já estabelece relação com a cura, doçura do restabelecimento após a doença. A medida e o tom do poema podem se emparelhar à importância do verdadeiro para nós" (p. 54).

19. Citado por C.-G. Dubois, *L'imaginaire de la Renaissance*, PUF, 1985.

20. Citado por H. Védrine, *Les grandes conceptions de l'imaginaire*, pp. 50 e seg.

21. *Quodlibet septem*, V, q. 12, citado por P. Alféri, *Guillaume d'Ockham, le singulier*, Editions de Minuit, 1989, p. 21.

22. "Nenhuma (...) é melhor conhecida por mim, que vivi cinco anos seguidos entre seus muros" (p. 453).

23. "Esta urbe, situada por assim dizer no umbigo da terra, é a mais acessível aos delegados de todas as regiões e por essa razão considerada como a primeira e a capital" (ibid.).

24. Não podemos portanto concordar com J. J. Wunenberger quando ele simplesmente converte a reiteração das cidades utopianas apenas ao primeiro desses dois momentos, quer dizer, ao "fim de um olhar absoluto sobre as coisas", que faria com que "o discurso utopiano abandone agora a descrição do lugar paradigmático do mito para colocar em cena e em jogo tantos esboços livres, tantos espaços axiomáticos e combinatórios" na abertura de "perspectivas equivalentes e igualmente centradas" (*L'utopie ou la crise de l'imaginaire*, p. 124).

25. "A *ousia*, no sentido verdadeiro, primeiro e rigoroso do termo, é aquilo que não é nem predicado de um sujeito; por exemplo, um homem ou um cavalo particulares" (*Categorias*, V, 2a10).

26. *Analíticos posteriores*, I, 24, 86a6 e seg.

27. "A quididade de cada ser é aquilo que ele é dito ser por si" (*Metafísica*, Z, 4, 1029b13-15).

28. "O Ser no sentido primeiro é 'o que a coisa é', noção que não exprime nada mais que a substância" (ibid., I, 1028a13-15).

29. *Política*, I, 1-2. Ver F. Wolff, *Aristote et la politique*, PUF, 1991.

30. Nesse quadro, a aristocracia realiza a identidade da excelência política e ética em cada cidadão, sem que seja recolocada em causa a equivalência política de sua excelência com a de outros regimes (realeza, governo constitucional). Ver P. Pellegrin, em *Política*, op. c., pp. 53 e seg.

31. Assim, segundo E. Gilson, "para usar uma terminologia que será a da Idade Média, dizemos que não se vê como uma distinção real entre a essência e a existência pudesse se justificar numa doutrina como a de Aristóteles" (*L, être et l'essence*, Vrin, 1987, p. 62).

4. Utopia e as outras Cidades

DE UTOPIA NADA PARTICIPA

A utopia tem uma vocação normativa. Mais: a existência suposta de uma cidade da razão é o que permite a avaliação das cidades empíricas realmente existentes. *A Utopia* é assim composta de dois livros, o primeiro dos quais procede a uma severa crítica das monarquias da Europa de Morus. Exercício arbitrário e no geral abusivo do poder, guerras contínuas e uma corrida insaciável pelo enriquecimento combinam-se então com um regime econômico e social gerador de miséria e marginalização. O período é o da integração do capitalismo manufatureiro nascente à organização feudal e clerical tradicional. Os nobres, vivendo "como zangões que se nutrem do labor alheio",[1] que "para aumentar suas rendas" têm por prática "roer seus agricultores até o osso", são em larga medida aqueles que, para prover a indústria da lã, cercam grandes extensões do pasto comum e dos terrenos cultiváveis para a criação de ovinos. Com isso, segundo a fórmula que se tornará célebre, "os carneiros (...) devoram (...) os homens" (p. 386). Parasitas de todo tipo (servos dispensados, monges mendicantes etc.) têm então que pulular e aumenta a criminalidade, filha da despossessão, que traz repressão e execuções.

Pensar Utopia não é pensar uma melhora possível dessa situação: todas as reformas parciais, como decretar um máximo de posses individuais, a prevenção de leis fortes contra o despotismo e a anarquia ou o fim da venda de cargos, não podem ser senão calmantes para apenas aliviar os sofrimentos (ibid.). Na medida em que existe a propriedade privada e o dinheiro é a medida de todas as coisas, é ilusório (ousemos dizer "utópico", no sentido corrente de irrealizável) instaurar uma verdadeira justiça e uma verdadeira prosperidade (p. 438). Fora da "*Humanitas*", cuja condição é a propriedade coletiva, nem os castigos desumanos podem de fato desaparecer.[2]

A participação platônica não é portanto a filosofia que convém ao revolucionarismo da *Utopia*: entre as cidades existentes e Utopia há a distância entre essências dadas e uma totalmente outra que se supõe existir. Há uma essência, sua essência própria, para cada uma das cidades que existem realmente, e Utopia não é seu acabamento, verdade, ser-em-si. As essências são distintas. Mas só Utopia é essência perfeita da "comunidade política"; as outras cidades, sendo perfeitamente o que são, só imperfeitamente são "comunidade política", "República". E isso vale igualmente para o que se costumou chamar "microutopias", cidades que o texto da *Utopia* dá como imagens de aspectos separados de Utopia[3] mas que não são por isso, essencialmente, "Utopias".

Mas Utopia é mais que uma essência: enquanto cidade perfeita, é ao mesmo tempo tratado filosófico. É por isso que compreender racionalmente as cidades existentes, para além das descrições e das condenações, equivale a compreender Utopia, cidade da razão. Rafael diz isso explicitamente: não se pode ficar na simples crítica factual, é preciso mudar de nível, o que supõe ter presente no espírito outra coisa além do que se vê, com o risco de um desenraizamento, de uma impressão de estranheza.[4] E assim a segunda parte não segue simplesmente a primeira, pois antes de tudo permite pensá-la. Essa alteridade racional de Utopia significa fundamentalmente a vitória da cultura sobre a selvageria.

CULTURA E IDADE DE OURO

Tal é o sentido da transformação da horda dos abraxanenses, antigos ocupantes da região de Utopia, em seres dignos de se chamar civilizados (p. 450). Utopia nasceu de Utopus, herói epônimo, demiurgo humano[5] que de uma matéria bruta do ponto de vista político (o que não quer dizer sem essência) forma uma verdadeira "República": a natureza é o que é preciso transcender, a ordem política utópica é construção, artifício.[6] De maneira mais geral, a utopia é cultural e E. Bloch vê assim uma função utópica em toda produção humana do passado que faz aparecer uma universalidade humanista, a construção de valores devendo-se apenas à razão humana em sua exigência de identidade e transparência, para além das formas ideológicas determinadas pelo interesse, no interior das quais se exprimem.[7]

Ao fazê-lo, *A Utopia* insere-se de maneira totalmente original na estética do Renascimento. As obras dessa época, se visam a perfeição no acabamento, não são paradoxalmente consideradas em geral imperfeitas quando não atingem esse acabamento devido, por exemplo, a infelizes circunstâncias. É que a perfeição humana não é a perfeição divina, assim como em Platão toda obra é necessariamente menos acabada que a Idéia de que participa. O "*non finito*" que caracteriza uma estátua de Michelangelo não é portanto nem ideal nem, igualmente, de fato uma marca de imperfeição.[8] Para *A Utopia*, bem ao contrário, existe uma perfeição propriamente terrestre, que envolve um acabamento que lhe é próprio. Todo inacabamento significaria portanto naturalidade mais ou menos mantida, ausência de eficácia da arte humana e, finalmente, ausência de "comunidade política" propriamente dita.

Nesse quadro, os mitos da idade de ouro que descrevem uma humanidade feliz, aquém da história, vivendo sem leis nem trabalhos, em harmonia espontânea com uma natureza benfeitora, não são utópicos. O poema de Hesíodo *Os trabalhos e os dias*, no século VII, é a sua primeira grande expressão.[9] O poeta diz que se o trabalho e o sofrimento são hoje a condição do homem, da raça de ferro, não foi sempre assim: os homens da raça de ouro não os conheceram, pois para eles a terra produzia bens inumeráveis, como também ignoravam a guerra, a velhice e a doença. Segundo J. P. Vernant, trata-se certamente nesse mito de dar uma imagem negativa do Devir. Há, porém, mais que isso: "A sucessão das raças no tempo reproduz uma ordem hierárquica permanente do universo."[10] A "idade de ouro" é a da justiça (*Diké*) e é o valor supremo. A passagem à idade de prata, à idade do bronze, à idade do ferro exprime bem uma decadência. Mas sua origem é permanente; ela é o efeito da tensão sempre presente entre *Diké* e *Hubris* (o excesso) e isso em estruturas variáveis de que dá conta a constituição de pares de oposição (idade de ouro/idade de prata; heróis/idade de bronze; duas idades do ferro), para além da aparente simplicidade do desenrolar cronológico. A decadência não é portanto contínua. E não é irreversível, pois a temporalidade é cíclica (Hesíodo lamenta não ter nascido antes ou *depois*). Se o tempo do mito exprime as vitórias do Devir, exprime também o retorno ao Ser. Hesíodo tira duas lições de seu mito e não são utópicas. Primeiro aconselha a seu irmão Perseu, pobre agricultor, a obedecer a *Diké* na forma que sua lei assume hoje: dever sua vida exclusivamente ao trabalho, a isso subordinar a luta (*Eris*) e não fazer desta, na revolta, um instrumento de *Hubris*. Ele pede também aos reis — os quais, como esses homens da idade de prata, deixam *Hubris* comandar — que sejam verdadeiramente "reis", quer dizer, justos. Aceitação da ordem social e reformismo político, não há portanto aí nada de utópico em sentido rigoroso. Mais utópico é, no quadro dos pares de oposição, o destino dado a certos heróis que ao morrer são transportados para a "Ilha dos Felizes", onde em completo isolamento, separados do mundo dos humanos, levam uma vida livre de toda preocupação. Há aí uma figura utópica clássica, se abstraída da economia geral do mito.

O mito de Cronos no *Político* de Platão responde igualmente a esse objetivo de extrair de um passado suposto um ensinamento para o presente.[11] O objeto do *Político* é a procura da essência do estadista. O método de divisão dialética (resumido em 267a-c) faz aparecer o Político como o Pastor do rebanho humano, dotado de uma autoridade soberana, e em seguida o mito de Cronos é introduzido para ajudar a conceber a essência do Político. Num estado anterior, em relação com uma revolução inversa dos astros, os homens nasciam da terra como hoje nós voltamos a ela após a morte e viviam em harmonia com a natureza, que lhes fornecia o necessário. Sem cidade, sem família, com uma só língua, tinham Deus por Pastor. Em nossa existência contrária, caracterizada pelo uso das técnicas que depois se fizeram necessárias, é preciso portanto lembrar que a função política exige daqueles que governam não serem parecidos aos governados (275bc), uma vez que o princípio de distinção não pode mais ser a divindade do Pastor.[12] Dado isso, o passado continua a desfrutar para Platão de um privilégio ontológico, que se deve à condição não eidética do Devir e que faz com que a Atenas antiga do *Timeu* e do *Crítias* existisse há 9.000 anos. *A República* já o dissera, porquanto "tudo o que nasce está sujeito à corrupção" (VIII, 546a), isso vale igualmente para a cidade perfeita, caso se realizasse no Devir. Por isso havia exposto as etapas lógicas e necessárias da degenerescência até o seu final, a cidade tirânica, expressão mesma da Injustiça, reino das paixões desenfreadas. E é também por isso que, numa outra perspectiva, a palavra dos antigos deve sempre ser escutada com respeito.[13]

UTOPISMO, ROMANTISMO E JUDAÍSMO

Quanto a Utopia, não é do passado.[14] Por conseguinte, o romantismo não é utópico, pois que vê no passado o horizonte do Ideal, apesar da carga de esperança de que pode investir seus impulsos. O romantismo alemão, assim, a despeito de inegáveis tendências progressistas, procura no abismo do tempo os mistérios do mundo e da vida: a esperança está na restauração. Como diz Jean-Paul Richter (1763-1825), "toda vida ressuscitada na lembrança resplandece a distância como um planeta no céu (...). Ao contrário de Orfeu, é olhando para a frente que perdemos nossa Eurídice, é olhando para trás que temos certeza de conquistá-la".[15] De maneira mais geral, os arquétipos que a mitologia encerra e reproduz são percebidos como via de acesso ao absoluto. Essa busca do passado é subterrânea, como movimento rumo às profundezas obscuras. E J. Bochofen (1815-1887) leva ao mais alto grau uma tentativa de racionalização histórica dessa busca do lugar noturno e interior originário com sua teoria do matriarcado primitivo, que faz assim eco ao desejo reacionário do seio materno. O neo-romantismo que floresce na Europa central do fim do século XIX até o início da década de 1930 em autores como W. Benjamin, M. Buber, E. Bloch, F. Rosenzweig e L. Löwenthal inscreve-se de forma bem ampla nessa perspectiva nostálgica.[16]

Tem mais: F. X. Baader (1765-1841) sonha com um homem reconciliado a Deus e à Natureza pela Redenção e o retorno do Reino de Deus na terra.[17] E a teologia lingüística do jovem Benjamin é construída segundo um paradigma messiânico/restituicionista que visa à restauração da "harmonia edênica". De modo bem explícito, W. Benjamin afirma que "é preciso restituir ao conceito de sociedade sem classes seu verdadeiro rosto messiânico".[18] E proclama de seu desejo, ao concluir o *Fragmento teológico-político* (1921-22), uma *restituo in integrum* temporal e espiritual. Tudo isso faz eco ao que G. Scholem chama de "corrente restauracionista" do judaísmo rabínico. Essa corrente visa "ao retorno e à ressurreição de uma situação que foi revogada mas permaneceu sempre como definição do ideal",[19] a saber precisamente o reino davídico ou, de forma ainda mais profunda, o Paraíso perdido, ao contrário da "corrente conservadora" e, ainda mais, da "corrente utópica", orientada para o futuro e a renovação. Também para os cabalistas o horizonte especulativo está no passado, em direção do *Tikkun* compreendido antes de tudo como restabelecimento da grande harmonia desaparecida desde a "Quebra dos Vasos" (*Shevirat Ha-kelim*), após o pecado de Adão. Como indica G. Scholem, "o *Tikkun*, o caminho que leva ao fim das coisas, é também o caminho que leva ao começo" enquanto implica a "restauração da ordem ideal", quer dizer, "a restituição, a reintegração do todo original", num "retorno de todas as coisas a seu contato original com Deus".[20]

Dado isso, nem o restauracionismo nem o utopismo estão em estado quimicamente puro em tal ou qual expressão concreta do messianismo judaico: a tensão dialética entre esses momentos é permanente, pode-se apenas destacar qual leva vantagem numa determinada constelação. Assim a restauração, em si mesma, não é necessariamente exclusiva da inovação; pode ser caminho que abre para o sonho do futuro através de uma visão do passado que, transformando-o e transfigurando, dá o impulso para uma coisa diferente do que ele foi na verdade. Assim, o *Tikkun*, a harmonia restabelecida dos mundos, não é absolutamente na Cabala de Luria a simples retomada da que existiu no Paraíso, mas um estado infinitamente mais perfeito.[21] M. Buber professa também "um renascimento, não um retorno".[22] W. Benjamin, em "Paris, capital do século XIX" (1935), formula dessa forma a presença ativa do passado nas imagens pelas quais se exprime o desejo do futuro: nessas imagens "intervém (...) a aspiração insistente a se distanciar do que envelheceu — quer dizer, aqui, o passado mais recente. Essas tendências remetem a imaginação, sob o impulso do novo, ao passado mais antigo. No sonho em que cada época representa em imagens a época seguinte, esta aparece mesclada de elementos vindos da história primitiva, quer dizer, de uma sociedade sem classes. Depositadas no inconsciente coletivo, as experiências dessa sociedade, em ligação recíproca com o novo, fazem nascer a utopia".[23] As visões de Fourier, particularmente, representam para Benjamin essa utopia que dá nova vida aos símbolos primitivos do desejo. Também para G. Landauer, pensamentos restauradores e utópicos articulam-se intimamente: as formas comunitárias da Idade Média não desaparecidas completamente devem ser os germes do socialismo futuro, estando por criar uma verdadeira "*Kultur*" com os meios da "*Zivilisation*" moderna.

Se o romantismo e o neo-romantismo não são portanto propriamente utópicos, o utopismo que encerram é no entanto real. E. Bloch atribui à "utopia concreta" a tarefa de exprimi-lo ao tornar consciente o "ainda-não-enunciado" que encerra seu recurso ao passado, especificamente aos arquétipos.[24] Ao fazê-lo, é em última análise a uma decifração dinâmica da própria natureza que serve a utopia, porquanto, segundo E. Bloch, como elaborações humanas, os arquétipos não fazem mais que remeter a "uma espécie de cifra ou símbolo real" pela ou pelo qual a natureza aparece de maneira inicialmente velada, não imediatamente significante.[25] Para E. Bloch, a racionalidade da realidade social não pode portanto consistir somente, como para Theodor Adorno (1903-1969), em "*traços, fragmentos* e *escombros* (...), as possibilidades de uma vida racional [só sendo] desveláveis nas figuras enigmáticas do ser como imagens fugidias".[26] Assim, o que busca a esperança utópica no presente não são traços ou ruínas mas, bem ao contrário, as potencialidades do futuro, suas antecipações ainda-não-conscientes. Mas nesse ponto "a esperança" blochiana ultrapassa a estrita lição da *Utopia*: a cidade perfeita não é do futuro, é do presente. O que ela dá a ver é a essência absoluta de toda ação e não um exemplo de ação histórica e materialmente determinada.[27]

AÇÃO E CRÍTICA

Utopia é "Parte Alguma" e esta ausência de localização[28] remete à ausência mais geral das determinações pelas quais sua existência poderia ser explicada. Sua existência não tem condições fora dela mesma. Para que Utopia fosse, foi preciso, é certo, que Utopus a fundasse, o que é uma condição de sua existência. Mas essa condição permanece, ela mesma, perfeitamente inexplicada, é da ordem do simples fato e é condição, em última análise, perfeitamente interna: dizer que Utopia só existe por intermédio de Utopus é uma maneira de dizer que só existe por si mesma. Devedora apenas de si mesma, Utopia, realidade finita, é infinita.[29] A passagem da ausência de Utopia a Utopia só pode portanto ser inteira, ruptura violenta, não mediatizada e portanto irracional. A guerra pela qual Utopus conquista Abraxa exprime isso.

Platão já o dissera: para formar o novo Estado e os novos homens será preciso proceder como o pintor faz com a tela, "primeiro limpando-a, o que não é muito fácil".[30] As perspectivas, de Platão a Morus, não são todavia as mesmas. Quando Platão deixa indeterminadas as condições que permitem vir a existir o que ele determinou como condições eidéticas da realização da cidade justa (os reis-filósofos, principalmente), evocando apenas "circunstâncias" (*tuchai*) favoráveis, sem dizer quais são nem o que permite que sejam, ou ainda uma inspiração divina,[31] ele não coloca em questão com isso, ao contrário, o ser da essência da cidade justa. Ela é de qualquer modo por si mesma, enquanto Idéia. Ora, que Utopia seja por si mesma significa, bem ao contrário, que ela só é se existe por si mesma (o que é suposto).

Numa outra perspectiva, a vinda de Utopia à existência não pode também ser compreendida como inscrita numa espécie de tempo messiânico, a despeito de analogias formais. Certo, em boa escatologia o reino do Messias é também esperado como devendo chegar de maneira totalmente abrupta, sem qualquer preparação ou maturação interna do tempo, numa radical exterioridade ontológica.[32] Isso é utopismo, de que dão testemunho, cada um à sua maneira, autores como W. Benjamin ou M. Buber, nos quais se "correspondem", como já dissemos, tendências messiânicas e utopistas, numa recusa da visão clássica de história como progresso.[33] Mas Utopia não é o Messias porque, ainda uma vez, sendo princípio absoluto de si mesma, é só por si que vem à existência, o que significa que ela é total e radicalmente do homem.[34]

A existência de Utopia é portanto pura ação. O primeiro momento da ação, a negação do dado, constitui assim um utopismo especial, que decerto na *Utopia* não pode ser abstraído do segundo (a posição de uma realidade perfeita pela qual ele adquire sentido), mas que aqui podemos no entanto considerar de início por si mesmo. Segundo E. Bloch, a utopia é "a recusa do entorpecimento",[35] do hábito, da resignação, da morte em suma.[36]

Há, nesse sentido, um utopismo libertino que Cyrano de Bergerac (1619-1655) personifica muito bem. Certo, a crítica libertina, de modo genérico, não é imediatamente animada de uma vontade de subversão social.[37] Mas se volta contra os preconceitos e superstições, de tal forma que um autor como F. Lachèvre não hesita em fazer dos libertinos "contestadores das bases da sociedade antiga", chegando a afirmar que "o século XVIII viu o triunfo da libertinagem e a antiga sociedade ruiu em 1789. Por quê? Porque a libertinagem havia conquistado as classes dirigentes".[38] Tudo isso é portador de tendências materialistas. E Hegel não se engana quando, ao considerar que no século XVIII "os franceses passaram, no lado teórico de sua filosofia, ao materialismo ou naturalismo", diz que "a filosofia francesa comporta uma orientação negativa contra tudo o que é positivo".[39] Mas para Hegel, com o materialismo, o "conceito" é "fixado como sendo somente o movimento negativo do conceito" e com isso "o positivo, o simples ou a essência é excluído desse movimento". Portanto, é porque o materialismo é negativo, mas unilateralmente negativo segundo Hegel, que ele é materialismo. E, certo, O. Bloch mostrou que a consciência materialista é pensada pelos próprios materialistas como essencialmente "consciência crítica". O "riso materialista" (de Demócrito ou de Lenin) é um "riso desmistificador", que se prende às ilusões, às criações dos construtores de sistemas. Há uma "continuidade crítica inerente à tradição materialista": a crítica de Deus, espírito puro criador, e a da alma como princípio espiritual independente do corpo são dois de seus momentos essenciais.[40] Mas isso faz precisamente com que essa crítica não seja abstrata, pura negatividade vazia, como leva a pensar Hegel. Ela repousa na vontade de ver reconhecido, para além das associações exteriores, o movimento por si da matéria. Se a forma particular da matéria que é o pensamento pode se fazer crítica, é pela negatividade essencial e geral da própria matéria que o produziu.

Utopia, crítica das cidades realmente existentes mas que deve sua existência (suposta) exclusivamente a si mesma (Utopus), exprime essa produtividade interna da matéria. Mas a exprime de maneira unilateral e abstrata, na separação. Utopia é paradigma da ação pura, fora de toda determinação que possa fazer compreender a possibilidade real dessa ação. Utopia, essência outra, dá a ver na sua pureza a ação que quer a inovação. Mas, precisamente, toda inovação não é necessariamente nova essência, toda ação não é revolucionária e, por conseguinte, há um utopismo reformista, não totalmente utópico, que é representado na *Utopia* pelo personagem Morus. E há, mesmo, utopismos maquiavélicos.

UTOPISMOS MAQUIAVÉLICOS

O realismo maquiavélico pede que se busque na história os instrumentos políticos eficazes. Aparentemente isso não é utópico:

justificar pelo real (o que foi) o real (o que pode ser). E no entanto a modelização que erige o comportamento de grandes personagens do passado em guia do ato a realizar[41] tem a ver com o método utopista de apresentação da idéia por uma existência singular que a exibe *in concreto*, pretendendo prová-la só com isso. Essa modelização em Maquiavel chega mesmo a se absolutizar numa autojustificação, com o valor do modelo em história se estabelecendo pelo fato de que os modelos só merecem sê-lo por terem também imitado: o príncipe deve imitar "sobretudo o que fizeram vários grandes homens que tomaram por modelo algum célebre herói antigo, tendo sempre sob os olhos suas ações e toda a sua conduta e tomando-as como regras. Diz-se assim que Alexandre o Grande imitou Aquiles, que César imitou Alexandre...".[42] Não há portanto aí investigação de "leis da história", tentativa de referir as ações individuais e coletivas a uma vetorização do tempo que compreenda seu movimento em termos de maturação, de progressão, de determinação, mas apenas extração de similitudes.

Claro, qualquer coisa não é possível a qualquer momento: é preciso a "ocasião" para que as qualidades do príncipe possam se exprimir. Assim, não há Moisés sem israelitas escravizados e oprimidos no Egito.[43] As qualidades não valem arbitrariamente. As que convêm a uma situação seriam desastrosas em outra: "Um príncipe é feliz ou infeliz se sua conduta adapta-se ou não ao seu tempo" (*O príncipe*, cap. XXV).[44] Isso é uma crítica da utopia.[45] No entanto, a "ocasião" é indeterminável, segundo Maquiavel; se é preciso aproveitá-la, ela é "*Fortuna*", sua vinda é imprevisível: Maquiavel estuda Roma antiga para fornecer modelos aos jovens "toda vez que o acaso lhes apresente a ocasião" (*Tito Lívio*, II, Prólogo, p. 155). E isso tem a ver com o utopismo. Como tem a ver, para além da diversidade dos caracteres e dos comportamentos, a permanência essencial da natureza humana, fundamento da modelização e do valor absoluto de Utopia: "Quem quer que compare o presente e o passado vê que todas as cidades, todos os povos sempre foram e são ainda animados pelos mesmos desejos, as mesmas paixões" (*Tito Lívio*, 39, p. 113).

A única ordem que pode estruturar um pouco a temporalidade, permitir que as épocas sejam reconhecidas em suas diferenças com as precedentes e as seguintes e assim esboçar as possibilidades que cada uma oferece e o estudo geral das oportunidades que podem surgir, é a circularidade dos regimes. Monarquia, Tirania, Aristocracia, Oligarquia, Democracia, Demagogia: "tal é o círculo que todos os Estados estão fadados a percorrer"; círculo teórico, certo, se é verdade que, antes de poder completar o círculo de fato, "os diversos males de que são feitos os esgotam, lhes tiram a força, a prudência do conselho, e logo os submetem a um Estado vizinho cuja constituição se mostre mais sadia. Mas, se conseguissem evitar esse perigo, iriam perfazer ao infinito o mesmo círculo de revoluções"[46]. O conteúdo dessa construção teórica e a ausência de sua aparição direta na empiricidade da história têm uma mesma razão: o caráter inevitavelmente instável do tempo que faz com que nada subsista e que, por sua vez, remete à maldade humana como sua matéria. Tempo essencialmente destruidor e natureza humana má são duas grandes teses antiutopistas.

Nesse quadro é exposto, no entanto, o que sem dúvida constitui o primeiro princípio do utopismo: a pura vontade do homem. Numa época em que o ideal é "fazer fortuna" jogando com o aleatório dos circuitos comerciais que só oferecem "oportunidades" a quem não teme arriscar e tomar decisões, Maquiavel fala do jogo da *"virtù"* e da *"fortuna"*. A *"virtù"*, termo intraduzível em francês,[47] designa a capacidade de impor sua lei à fortuna. Ela estabelece o valor absoluto da vontade.[48] Maquiavel pergunta "quanto poder tem a fortuna nas coisas humanas e como se pode resistir-lhe" (XXV): pela imagem das enchentes de um rio conclui-se que a fortuna só triunfa na ausência de precauções humanas; compreendida como adversidade imprevisível, é assim apenas o nome pelo qual designamos o limite de nossa liberdade, limite ele próprio que depende de nós. A fortuna, assim, só é "Destino" para aqueles que nada tentaram e que, se voltando para um passado que no entanto estava então em seu poder, se lamentam de sua impotência. Mas se a "virtù" é princípio de determinação, sua existência mesma é indeterminada, o que Maquiavel exprime com um novo recurso à "fortuna", num utopismo fundamental. "Tal é a marcha da fortuna: quando ela quer conduzir um grande projeto a contento, escolhe um homem de espírito e *virtù* grandes o bastante para saber aproveitar a ocasião que ela lhe apresenta."[49] No entanto, se Soderini fracassou, como vimos, por não ter rompido com um método de governo que não convinha mais, isso não se deveu a uma ausência de *"virtù"* mas à "impossibilidade em que nos encontramos de resistir à inclinação natural que nos arrasta" (*Tito Lívio*, III, 9). Não mais utopismo então nesse reconhecimento de um limite contra o qual nada pode a pura vontade.

Resumindo: antiutopismo maquiavélico na necessária consideração das condições (circunstâncias, ocasiões...); utopismo na imprevisibilidade dessas condições; utopismo ainda na posição de uma "*virtù*" como vontade incondicionada, princípio; ainda utopismo no feliz encontro da "*virtù*" e das oportunidades; mas de novo antiutopismo na referência diferencial à inclinação natural do príncipe, contra o que ele nada pode, ainda que dotado de "*virtù*". E utopismo, finalmente, para perceber a favorável correspondência da "*virtù*" a uma inclinação natural adequada e à ocasião conveniente. Disso C. Lefort conclui "que é impossível calcular o que é de nosso poder e o que lhe escapa e que o sentido de nossos empreendimentos se inscreve na junção de dois espaços igualmente indeterminados".[50] A única determinação possível passa pelo próprio empreendimento. Só resta então agir e tal é a política: "Penso que é melhor ser impetuoso que circunspecto" (*O príncipe*, cap. XXV, fim).

Entretanto, no último capítulo do *Príncipe*, Maquiavel cria o modelo totalmente imaginário de um príncipe *novo* que libertaria a Itália dos bárbaros, numa antecipação da ação. Descrevendo o que faria esse príncipe (Lorenzo) e como seu povo o apoiaria numa projetada realização da conjunção da "*virtù*" com a inclinação natural e a ocasião, sem qualquer determinação dos obstáculos a superar e dos caminhos a percorrer, Maquiavel parece então um completo "utopista".[51] No entanto, examinado esse capítulo à luz dos precedentes, há que considerar seu utopismo como puramente formal. Com efeito, o grau de "realidade" do príncipe imaginário do *Príncipe* se mede pelos princípios maquiavélicos segundo os quais, à espera do que a fortuna trará, ele depende do "talvez".[52] Não é portanto nulo, como é o de sua "existência" presente, mas é todavia imensurável com a absoluta "realidade" (suposta) de Utopia, cujo ser envolve imediatamente a existência, na indeterminação de qualquer outra condição senão aquelas presentes por sua essência mesma.

A UTOPIA E O IDEAL

Da utopia como filosofia da ação pode decorrer um primeiro utopismo que recusa ver a descrição detalhada das estruturas e da vida cotidiana dessa cidade perfeita como procedimento literário destinado a introduzir princípios filosóficos na consciência do caráter imaginário daquilo que é dado assim diretamente a ver. A negação da distância propriamente utópica entre a imagem literária e os pensamentos teóricos que ela tem por função fazer aparecer leva esse utopismo a querer abstratamente a realização de planos *a priori* pela simples aplicação, numa espécie de retorno ao platonismo.[53] É para lembrar a inspiração de fato imaginária dessa corrente que Marx qualifica indistintamente de utopia e de "romance"[54] todo projeto de sociedade ideal que substitui o estudo do movimento histórico real, em suas contradições, por uma visão congelada, acabada, de uma existência já dada no espírito desse ou daquele pensador[55], mesmo que não seja apresentado sob uma forma narrativa (não se inscrevendo, por exemplo, no quadro convencionado da viagem utópica). Essa imaginação, que não se reconhece tal, que tem a pretensão de ver em seus quadros fantásticos enunciados puramente científicos, é portadora de um tipo de certeza que não é assim mais utópica, em sentido estrito, que o milenarismo. E ademais esse utopismo pode ser, como em Robert Owen (1771-1858) ou W. Weitling (1808-1871), diretamente milenarista.

A Utopia, no entanto, havia mostrado: é por sua existência mesma e não como simples produto do espírito que Utopia é razão. É por isso aliás que o utopismo que acabamos de evocar é mais utópico quando pretende provar o valor de seus planos pela realização de experiências-modelo do que quando recorre simplesmente à propaganda abstrata dirigida à razão especulativa. A justificação última do que é uma cidade perfeita é sua existência (que *A Utopia* supõe). Nesse sentido, a realização projetada de um conceito pensado como imagem estimula a ação real. E então Utopia, da qual dissemos que é paradigma da ação, é também o que pode desencadear uma ação.

Assim, Utopia tem a vocação de ser um Ideal,[56] num sentido todavia não kantiano. Sabe-se que Kant, entendendo por "Idéia" o conceito de uma perfeição que a razão reclama mas da qual a experiência não oferece exemplo, designa por "Ideal" "a idéia não simplesmente *in concreto*, mas *in individuo*, quer dizer, considerada como uma coisa singular determinável ou completamente determinada apenas pela idéia". E precisa: "O que é para nós um ideal era para Platão uma *idéia do entendimento divino*, um objeto particular da intuição pura desse entendimento, a perfeição de cada espécie de seres possíveis e o protótipo de todas as cópias no fenômeno."[57] Já vimos que não se tratava disso com Utopia, cuja essência não se pode compreender no quadro de uma doutrina da participação. Se Utopia é "Ideal", é então como idéia da razão, que só tem ser individual numa existência sensível possível (imaginariamente formulada na *Utopia*). E é por isso, continuando com os sentidos kantianos, que ela não é mais "modelo" ou "exemplo": o modelo, como idéia da razão, não tem existência empírica possível para Kant;[58] e o exemplo, ao inverso, não pode jamais realizar de maneira sensível o ideal, mesmo de forma imaginária.[59] Num absoluto não-kantismo, portanto, é ao mesmo tempo como "modelo" (idéia) e "exemplo" que Utopia é um "ideal" que pode motivar e regular a ação.

Mas o ideal utópico, como existência suposta, é pensado imaginariamente. Ora, segundo Hegel, isso se arrisca a perder o real. E tal é o sentido fundamental de sua crítica da utopia em nome da filosofia, como mostrou Solange Mercier-Josa.[60] Assim, "a filosofia, precisamente porque é a descoberta do racional, é também automaticamente a compreensão do presente e do real e não a construção de um além que estaria sabe-se lá onde ou, antes, que se pode dizer onde está, isto é, no erro de uma maneira de raciocinar parcial e vazia".[61] Desse ponto de vista, Platão é mesmo um filósofo, ao contrário do que rápidas leituras poderiam levar a pensar,[62] pois quando critica o real na *República* é ainda em nome do real. *A República* é para Hegel uma obra autenticamente filosófica, pelo menos no essencial. É verdade que "Platão poderia passar sem aconselhar as nutrizes a jamais ficar tranqüilas com os bebês, a balançá-los sem parar nos braços". Mas Platão, aos olhos de Hegel, não é isso antes de tudo. É um filósofo enquanto, primeiro, "apreende essencialmente" "a natureza da moralidade grega", segundo, porque "teve consciência de um princípio mais profundo que abria brecha nessa moralidade" (a liberdade subjetiva) e, terceiro, porque procurou um recurso contra isso.[63]

É verdade que essa revolta foi inútil: ela não conservou absolutamente nada. É que a filosofia, que pensa racionalmente o real, deve por isso mesmo pensar o seu movimento: o real é negatividade. Platão está bem no racional para Hegel quando representa o real como Idéia. Mas "a Idéia platônica não é outra coisa que o geral ou, mais exatamente, o conceito da Idéia". Ora, com isso lhe escapa que "o que determina a progressão do conceito é o *negativo* que ele contém". É pela negação que faz de si mesmo que o conceito se torna um novo conceito, mais rico que o precedente, superior a ele. Com efeito ele se enriquece com a negação de seu contrário.[64] Disso decorre um sentido do ideal totalmente diferente daquele que resulta de uma simples quimera: "Se um ideal tem em si a verdade em geral pela Idéia, pelo conceito, ele não é uma quimera, é verdadeiro; e um tal ideal não tem nada de inútil, nada de impotente; ele é o real. O verdadeiro ideal não deve ser real, mas ele é real."[65]

Mas há aí então o princípio de um segundo utopismo, utopismo do possível que, julgando racional somente o que só pode ser referido ao que existe, procura compreender o Novo (enquanto Novo verdadeiro) por aquilo que no Velho permitiu que ele fosse. Ainda aí, esse utopismo não é utópico: a indeterminação das condições de existência de Utopia faz com que Utopia, como ação, não apenas seja só por si mesma como também e ao mesmo tempo que a chegada dessa ação é indeterminável, revelando-se a razão impotente para perceber o que permite que uma tal ação seja. Que a razão prática (Utopia) seja por si mesma (como ação) não se compreende; e não se compreende também portanto o que a acarreta. Não é todavia contraditório à essência da ação referi-la ao que a torna possível enquanto tal. Esse é o princípio da filosofia marxista do possível, por exemplo, e do sentido que dá a seu julgamento da utopia.

MARX E ENGELS, CRÍTICOS DA UTOPIA

Marx e Engels têm por projeto fazer passar o socialismo da utopia à ciência[66] e isso concerne principalmente os sistemas de Charles Fourier (1772-1837), de Saint-Simon (1760-1825) e de Robert Owen (1771-1858).[67] Eles avaliam a crítica social desses autores como, no geral, perfeitamente positiva: é testemunho do "primeiro período de luta embrionária entre o proletariado e a burguesia".[68] Com ela são introduzidas reivindicações de futuro, como a supressão da oposição cidade-campo ou o fim do trabalho assalariado.[69] Tratase, em última análise, de enfim instaurar o reino da razão e da justiça e isso com uma inegável tendência materialista:[70] O que se visa é aplicar o princípio segundo o qual "se o homem é formado pelas circunstâncias, é preciso formar as circunstâncias humanamente".[71]

No entanto, a justa crítica desses pensadores efetuou-se na ignorância das condições que a permitiam, com um forte utopismo. Para eles, simplesmente, se até então a razão e a justiça efetivas ainda não haviam reinado no mundo, é porque ainda não tinham sido propriamente reconhecidas: faltava "o indivíduo genial que veio agora e que reconheceu a verdade", cuja vinda precisamente agora é "um simples acaso". O fundo teórico desse utopismo é uma concepção errada da própria razão. E assim, "como a verdade absoluta é independente do tempo, do espaço e do desenvolvimento da história humana, a data e o lugar de sua descoberta são um puro acaso".[72] Só que, se as condições sócio-econômicas permitiam doravante que essas aspirações revolucionárias fossem formuladas, ainda não permitiam que assumissem uma forma diretamente prática, quer dizer, que pudessem ser crítica material, como movimento da sociedade se revolucionando por si mesma. E assim Marx e Engels constatam que essa crítica só podia de início tomar a forma de uma fabricação puramente imaginária de cidades racionalmente perfeitas: "Essa pintura imaginária da sociedade futura, numa época em que o proletariado ainda muito pouco desenvolvido só encara pois sua própria situação imaginariamente, corresponde às primeiras aspirações intuitivas desse proletariado a uma transformação completa da sociedade."[73] E é o que explica que esse utopismo tenha recorrido à propaganda ou às tentativas de realização de seus planos por simples aplicação, como mostramos: "Para eles o futuro do mundo se resolve com a propaganda e a colocação em prática de seus planos de sociedade."[74]

Mas para Marx e Engels o pensamento dos grandes utopistas do século XIX, apesar de sua inadequação essencial ao dinamismo da realidade, desempenhou um importante papel no movimento de tomada de consciência de si pelo proletariado. Engels presta particularmente homenagem a Owen e a suas colônias modelos, sobretudo à de New Lanark, na Escócia.[75] Em 1845, ele chega a pensar que para instaurar o comunismo "os ingleses começarão possivelmente por construir algumas colônias".[76] Nesse sentido, ainda em 1845, ele toma as colônias da América e da Inglaterra como argumento para o comunismo, o que o leva a *Descrição de colônias comunistas surgidas nos últimos tempos e ainda existentes*,[77] num utopismo bem radical, a varrer as objeções que poderiam despertar as inúmeras dificuldades enfrentadas por essas comunidades, dizendo que "o essencial é que as dificuldades não nascem da comunidade, mas do fato de que a comunidade ainda não está inteiramente realizada" (p. 73; ver também pp. 76-77).

Em compensação, Marx e Engels ressaltam que quando a maturação do real começou a permitir que viesse por si o que de início podia apenas ser sonhado, tornou-se reacionária a obstinação de querer realizar mecanicamente os quadros utopistas por puro decalque de planos formulados *a priori*. "É por isso que, se em vários aspectos os autores desses sistemas eram revolucionários, as seitas formadas por seus discípulos são sempre reacionárias."[78] Disso resulta que "para fazer do socialismo uma ciência é preciso primeiro situá-lo num plano real".[79] Marx indicou de maneira bem clara o sentido dessa fórmula, em 1874-1875, nas suas *Notas críticas ao "Estatismo e anarquia"* de Bakunin: "'socialismo científico' — empregado somente em oposição ao socialismo utópico que quer inculcar no povo projetos quiméricos em vez de limitar sua ciência ao conhecimento do movimento social feito pelo próprio povo."[80] E é por isso que "se na sociedade tal qual é não encontramos mascaradas as condições materiais de produção de uma sociedade sem classes e as relações de troca que lhes correspondam, todas as tentativas de fazê-la eclodir não passariam de quixotismo".[81] Todos conhecem a célebre fórmula de Marx: "Não nos apresentamos ao mundo como doutrinários com um novo princípio: eis a verdade, ajoelhem-se diante dela! Trazemos ao mundo os princípios que o próprio mundo desenvolveu em seu seio."[82] Numa palavra, pode-se sem dúvida compreender a crítica marxista da utopia como efeito particular e fundamental de um pensamento do futuro que entende originar-se no presente, isto é, numa "filosofia do possível", para retomar o título do ensaio de M. Vadée.[83]

UTOPIA É A VERDADE DA HISTÓRIA

A utopia faz saber portanto o que há nela da negatividade essencial do ser: pela irrealidade mesma de suas negações ela mostra, caricatamente de certa forma, que o movimento do ser não se resolve num simples descobrimento do que está encoberto. Na irrealidade de seus quadros fica claro que o movimento do ser para adiante é posição de outra coisa, inovação. Diz E. Bloch: "Por mentirosos que sejam os sonhos mais estúpidos, eles existem (...). O animal não conhece nada semelhante; só o homem, a despeito de sua mais alta lucidez, é pleno de efervescência utópica."[84] A maneira pela qual os utopistas se revoltam contra a realidade (pela imaginação), embora revolta irreal (porquanto não exprime o movimento real do ser), indica de maneira extrema o fundo do movimento do ser (a negatividade). E tem mais: faz compreender que o que será não apenas é negação do que é, mas também do que poderia ser em seu lugar; e assim ocorre que, como num vazio, a realidade e a racionalidade do futuro devem ser conquistadas. A utopia é testemunho da liberdade humana. Ser livre, diz Descartes, é poder negar tudo: "a tal ponto que, quando uma razão muito evidente nos leva para um lado, embora moralmente falando não possamos de forma alguma escolher o lado contrário, absolutamente falando podemos no entanto fazê-lo." Apenas, se ser livre é poder dizer "não" à razão, sê-lo verdadeiramente no mais alto grau é dizer-lhe "sim": "é nesse sentido", diz Descartes, "que escrevi que sou levado tanto mais livremente para alguma coisa quanto mais razões me levem".[85] Com efeito, a negação é momento da autodeterminação da vontade: negar tudo, inclusive a si mesmo, é de certa maneira afirmar-se. A liberdade completa o reconhece e é, de pronto, racional, porquanto em última análise me afirmar completamente é me afirmar como ser de razão. Toda revolta é portanto, potencialmente, revolta da razão. Se a revolta utópica, qualquer que seja abstratamente seu conteúdo, se afasta por sua forma imaginária da essência da revolta (a razão), ao mesmo tempo, contraditoriamente, aproxima-se: ela se afasta *em si*, pois que uma solução imaginária afasta de uma solução real, portanto racional; mas ela se aproxima *para o leitor*, pois que uma solução imaginária dá a pensar o ato livre que arranca do presente, que afirma a autodeterminação humana e portanto, potencialmente, a razão.

O ato negador da utopia manifesta uma certa presença do Infinito como negação, nas condições indeterminadas, do Finito que constitui a existência real. Todavia, através dele é colocado um outro Finito, qual seja a cidade ideal como sistema determinado, acabado, de valor absoluto. Trata-se então do que Hegel chama de "falso infinito", quer dizer, o Infinito que se resolve num ser finito, certamente maior mas sempre "finito"? O "verdadeiro infinito" é para Hegel negação do "finito" que a ela mesma se nega, não se opondo abstratamente ao "finito", o que criaria um outro "finito":[86] é o caso da "verdadeira comunidade política"? De fato, o acabamento mesmo de Utopia lhe permite não cessar de se elaborar, de se melhorar.

Sua perfeição permite e mesmo é seu perpétuo auto-aperfeiçoamento. É por isso que Utopia, nesse sentido preciso, pode ser dita "verdade da história".

Enquanto as essências das cidades existentes são instáveis, fadadas à destruição, utopia como essência da verdadeira "comunidade política" é "outra" por sua permanência estrutural. Rafael diz para concluir *A Utopia*: "esta forma de comunidade política" tem garantida, por seus princípios "e tanto quanto é possível humanamente prever, uma duração eterna" (p. 629). Ela é, como vimos, *ousia* no sentido platônico, auto-ipseidade fundamental.[87] Mas se o tempo, que muda perpetuamente tudo, não muda Utopia no fundamental, também não se detém: ele é integrado. Ele deixa de ser movimento de uma essência a outra, por alteração ou destruição, como é o caso para as outras cidades, sendo bem ao contrário a própria vida de Utopia em sua identidade conservada.

Há portanto progresso em Utopia, como testemunham seus anais.[88] Sua história é estruturada por três episódios: sua constituição, 1.760 anos antes da narrativa de Rafael (pp. 450, 462); a chegada de romanos e egípcios, com sua cultura, no século IV d.C. (p. 445); e a descoberta de sua existência por Rafael e seus companheiros no século XVI. Sobre a chegada dos egípcios e romanos, "é preciso notar que vantagens os utopianos tiraram, à força de trabalho (...). Não há nenhuma arte então praticada no império romano e da qual pudessem tirar alguma vantagem que não tenham aprendido graças às explicações dos visitantes ou que não tenham reinventado depois de receber seus primeiros elementos" (ibid.). E com isso se manifesta mesmo que a aptidão para o aperfeiçoamento em Utopia supera amplamente a dos habitantes do Velho Mundo, pois, assinala Rafael, "se no passado algum feliz acaso do gênero trouxe de lá alguém até aqui, nós esquecemos completamente esse acontecimento, assim como nossos descendentes esquecerão sem dúvida que um dia eu estive lá!" (ibid.). Aos descobridores do século XVI os utopianos devem duas artes: a imprensa e a fabricação do papel, embora, "para dizer a verdade, não as devam somente a Rafael e seus amigos, pois em boa parte o mérito também lhes pertence" (p. 545): compreenderam muito rápido, com base unicamente em sumárias indicações de marinheiros não especialistas nas matérias e, "à força de repetir a experiência, chegaram logo a bons resultados nas duas artes" (ibid.). Ocorreu o mesmo com o estudo dos escritos e do pensamento gregos, que os utopianos aprofundaram bem rápido e com sucesso (pp. 538-541). Não é por acaso, aliás, que a descoberta da imprensa e do papel se casa assim com a iniciação nas letras gregas, pelas quais se apresenta a origem da civilização: a via privilegiada da história é o texto, que torna possível toda acumulação e progresso. Essa valorização do escrito é tão não-platônica quanto a valorização da história compreendida nisso. Nesse contexto, o macaco que para se divertir — quer dizer, por pura contingência — arranca e rasga as folhas de um livro (p. 541) é a figura da história tal como é vivida fundamentalmente no Velho Mundo, apesar de presenças culturais fragmentárias, isoladas e sempre muito frágeis: história destrutiva, caótica, selvagem e não verdadeira história ou pelo menos história verdadeiramente progressiva.

A chave desse novo estatuto da história que dá todo seu sentido à perfectibilidade utopiana são as instituições de Utopia. Assim, o que vale, por exemplo, para o urbanismo pode ser generalizado para todo o conjunto do ser e do devir de Utopia: da mesma forma que Utopus traçou o plano de Amaurota (cidade-modelo), deixando a seus sucessores "o cuidado de enfeitá-la e embelezá-la" (p. 462), igualmente, sem que nada mude de substancial, tudo melhora sem cessar em Utopia. E é por isso que o tempo de trabalho pode regularmente diminuir (p. 478), o que aliás é, em si, um progresso. Tempo de trabalho, temporalidade histórica interna ou temporalidade histórica do Velho Mundo: tudo isso é dominado e integrado em e por Utopia. O devir, que é indeterminado no Velho Mundo, é perfeitamente determinado em Utopia, de maneira não-platônica, pois essencial, não por imposição de uma forma mas por desdobramento, modo de ser mesmo dessa forma. Utopia, por essência, como cidade acabada, perfeita, totalmente finita nesse sentido, está em contínuo progresso, pois tal é o conteúdo de sua perfeição.

Isso pode remeter de certa maneira à escatologia agostiniana. Dissemos no capítulo 1 que Utopia, como cidade terrestre humana, não é cidade de Deus nem no céu nem na terra. Isso posto, formalmente sua estrutura temporal pode ser algo relacionada à da Cidade de Deus de Agostinho. Com efeito, essa última é, em cada momento da história, presença da eternidade enquanto manifestação de um plano outro que o da temporalidade no qual o homem, como criatura, vive e pensa: ela tem a ver com a Eternidade por ser de Deus. Deus, como Ser, é a Eternidade, absoluta permanência que, por isso, é princípio; sua criação, que não está no tempo, é criação do tempo, mundo e tempo começando juntos por ele. Nesse sentido, o tempo que o Cristo inaugura, se não tem o estatuto ontológico da Eternidade, não pode também ser simplesmente pensado como seu outro: ele é expressão, figura, imagem da Eternidade. E esse tempo, Ser que se apresenta como Devir, é utopista. Não se deve evidentemente perder de vista que esse utopismo não é completamente utópico, porquanto o acabamento da Cidade de Deus agostiniana está fora da história, numa promoção ontológica que a faz ser eternamente.

É mais utópica a perspectiva marxista que faz da sociedade comunista futura o lugar de uma verdadeira história, na qual os homens, senhores de sua produção, das relações sociais e por isso em harmonia com a Natureza, terão saído da pré-história. Essa "pré-história", caracterizada por seu movimento sofrido, em que a eficácia das vontades não corresponde ao conteúdo das intenções mas é resultante de um jogo de forças mecânicas, opõe-se com um forte utopismo à "história" no sentido próprio, obra essencialmente humana: "Em linhas gerais, os modos de produção asiático, antigo, feudal e burguês moderno podem ser qualificados de épocas progressivas da formação social econômica. As relações burguesas de produção são a última forma de produção contraditória do processo de produção social (...). Com essa formação social termina pois a pré-história da sociedade humana."[89]

Assim, a historicidade de Utopia faz com que sua existência seja exatamente o contrário de uma soma indefinida de momentos que se sucedem. Se ela é de certa maneira presença da eternidade, por sua permanência substancial, não é pela repetição monótona, por uma homogeneização do tempo, pela negação da duração. Não se pode portanto concluir, como faz R. Ruyer, do geometrismo bem real de Utopia, do qual voltaremos a falar e que faz corpo com o caráter descritivo de sua existência imaginária, que ela é imóvel e anti-histórica. Há certamente "perfeição estável" em Utopia, mas isso não significa que "a parada (...) [seja] inerente à essência mesma da Utopia".[90]

ESPERA E AÇÃO

É no entanto o que Gilles Lapouge se apraz em retomar com todos os tons e a propósito de tudo em *Utopia e civilizações.* Faz de Platão utopista porque o tempo de *A República* é "imóvel por decreto" e no *Político* "modela o tempo de maneira que seu escoamento segrega o repouso". Nessa conta, são ditos utópicos tanto os mosteiros (que votam um verdadeiro "ódio" ao devir) quanto os bordéis (onde "a repetição do ato amoroso, sua regularidade, sua monotonia transmudam a copulação").[91] Assim, não haveria utopia mais utópica que o relógio, que, inventado por um monge,[92] faz abstrato o tempo, homogeneizado, não natural.

Nessa perspectiva, é evocado o sanatório da *Montanha mágica* de Thomas Mann, que mostra admiravelmente como a repetição faz dissipar a duração e mesmo a impressão de repetição: repetindo os mesmos gestos a cada dia, "é o mesmo dia que se repete sem cessar. Mas como é sempre o mesmo, no fundo é pouco correto falar de 'repetição'; seria melhor falar de identidade, de um presente imóvel ou de eternidade. Trazem sopa para o teu almoço, tal como trouxeram ontem e tal como trarão amanhã (...) e o que a ti se revela como a verdadeira forma do ser é um presente fixo onde se serve eternamente sopa". Poder-se-ia também invocar *O deserto dos tártaros*, de Dino Buzzati, e "o torpor dos hábitos" que caracteriza o Forte Bastiani[93] ou, similarmente, *Le rivage des Syrtes*, de J. Gracq, que mostra o deixa-andar sonolento do Almirantado em "uma longa seqüência de jornadas iguais, de jornadas sem data e sem segredo, (...) em que (...) se consumava um contagiante mistério do hábito". Só que tudo isso não é utópico, muito ao contrário, como não é utópica a quase repetição de eventos insignificantes que marca a pobre existência da dupla de desajustados de *Esperando Godot*, de Samuel Beckett,[94] ou o sentimento de imobilidade experimentado por K. no *Castelo* de Franz Kafka.[95]

É que nessas obras trata-se antes de tudo da espera, o que não é absolutamente o caso em Utopia. K. espera fazer aquilo para o que foi chamado, entrar em contato com o Castelo. Vladimir e Estragão esperam Godot. O Forte Bastiani espera o exército do norte e o Almirantado o do Farguestão: trata-se de esperar o que poderia preencher o vazio de uma existência insatisfatória.[96] Ora, Utopia é plenitude, ser acabado, como verdadeira comunidade política, e não tem mais nada a esperar. É por isso que a estruturação repetitiva do tempo não pode existir aí, nem como modalidade ou instrumento da espera nem, mais fundamentalmente, como substituto, certamente pensado provisório mas que tende a se provar definitivo, do objeto dessa espera.[97] É pois somente de utopismo que se deve falar para designar os efeitos de ser que as repetições simulam nas obras citadas. Nelas, a percepção da existência (o devir) pelo ser (a eternidade), fazendo-se do exterior, é abstrata e, longe de satisfazer ao desejo de absoluto, não leva senão à vacuidade. A repetição da existência, necessariamente aproximativa, só dá uma fraca imagem do ser, enquanto que Utopia tem a ambição de ser plenamente ser sendo plenamente existência, ou seja, ser como devir.[98]

É por isso que o que chega do exterior para os utopianos (pelo barco romano ou através de Rafael e seus companheiros) não é nem esperado como algo que seria indispensável ao seu ser para que verdadeiramente seja nem é desprezado, pois a lei de seu ser é avançar sempre e progredir sempre. O acontecimento exterior não tem portanto as funções que tem no Forte Bastiani ou em Orsenna, quais sejam simultaneamente as de vivificar e matar.[99] Utopia alimenta-se dele, cresce com ele, pois o outro lhe é por essência seu: de um lado imediatamente, porque ela é o outro das cidades empíricas, de outro lado sobretudo alimenta-se dele, porque suas estruturas são tais que geram naturalmente o progresso, o que faz com que, numa espécie de finalidade sem fim, esteja sempre pronta a acolher a novidade estrangeira, sem no entanto esperá-la. Portanto, não pode ser sob a forma de guerra, de oposição entre o outro e o mesmo visando à destruição, que o acontecimento exterior sobrevém na *Utopia*, como no *Deserto dos tártaros* ou em *Le rivage des Syrtes*. De forma mais geral, a guerra não é utópica.

A GUERRA

A perfeição mesma de Utopia torna-a de fato indiferente à sorte das cidades do Velho Mundo, múltiplas e indefinidas, cujas essências tendem perpetuamente a não ser mais. Há assim um utopismo da perpétua paz que manifesta no mais alto grau o humanismo de Erasmo. Quando a guerra ocorre, é antes de tudo por uma agressão estrangeira, contra a própria Utopia ou contra um aliado. A guerra provém das cidades não utópicas, produzida por um desejo vão de glória criado por estruturas econômicas de exploração. A desordem ontológica produz a guerra, que por sua vez, pela multiplicação dos soldados errantes que engendra, aumenta a desordem.

No entanto, se a guerra jamais se deve a Utopia enquanto existência constituída, continua sendo sua fundadora: foi da derrota infligida por Utopus aos abraxanenses que nasceu a cidade perfeita. Na mesma perspectiva, a guerra está na origem dessa ou daquela colônia utopiana, outra Utopia, extensão justificada pelo direito de trabalhar um solo abandonado sem cultivo quando o aumento da população o exige (p. 482). Assim, se a guerra não vem de utopia propriamente, Utopia vem da guerra. E, mesmo, outra fonte de guerra é a necessidade de libertar da tirania um povo que assim o deseje (p. 566): poder-se-ia então pensar que aí pelo menos é Utopia que traz a guerra. Com efeito, nesse caso como nos precedentes, ela não a traz: a guerra é estranha a Utopia, mesmo quando é ela que a desencadeia. Chamada a fazer a guerra, jamais espera nada com isso para si mesma, nada de mais ou de menos (a guerra colonizadora visa a impedir uma desestruturação). Futuras Utopias que, estabelecidas, a reiteram, assim como cidades que dela se aproximam por seu caráter republicano, podem dever-lhe sua própria existência, como ela mesma deveu sua existência a Utopus. Mas a partir do momento em que Utopia existe, a guerra lhe é sempre, essencialmente, exterior.

É porque a guerra é bestial e Utopia é humana. É por isso que as vitórias de que os utopianos se orgulham são as que se devem ao espírito.[100] Assim, o excesso, a infinitude da guerra são negadas na própria guerra, até onde isso é possível, através do ardil, da geração de discórdias entre o inimigo, e isso numa espécie de sublimação de relações de força imediatamente brutais. Mas tem mais: a desumanidade e uma violência selvagem e infinita são assimiladas, reguladas e determinadas, como testemunha o seu uso inteligente e medido pelos zapoletas, povo essencialmente selvagem e guerreiro (p. 577-578), assim como o do ouro, causa e ao mesmo tempo símbolo do conflito nas relações sociais (pp. 573-577).

Utopia não é portanto modelo de toda cidade, de que cada sociedade histórica participaria. Ela é outra cidade, outra essência, outra existência. A harmonia é o seu modo de ser, o que a faz dominar o tempo e a guerra e com isso integrar o Infinito ao Finito sem fazê-lo desaparecer, mas lhe dando, segundo as diferentes perspectivas que assume, sua plena produtividade.

NOTAS

1. Sabe-se que Saint-Simon retomará a imagem no *L'organisateur, Oeuvres*, vol. XX, t. 2, pp. 17-26.

2. "Não há nenhuma esperança de curar definitivamente esses males nem de recolocar as coisas em bom estado enquanto os bens de cada um permanecerem propriedade privada" (*U.*, p. 441).

3. São elas a República dos polileritas ou Acoria ou Macária (*U.*, pp. 401-406, 418-422, 429-430), que permitem "tirar lições a fim de corrigir os abusos que grassam em nossas cidades, nações, povos e reinos" (p. 370) mas não suprimir suas causas. Assim, para ficar num exemplo, é certo que os polileritas impõem o trabalho forçado como pena em vez da morte, como em Utopia. Mas, na medida em que ali o crime por excelência é o roubo, atentado à propriedade privada, não pode se tratar de uma "Utopia", uma vez que por princípio não há propriedade privada em Utopia. São portanto talvez "repúblicas irmãs de Utopia", como diz A. Prévost (pp. 79, 90), devido a semelhanças parciais; mas de qualquer forma não são "novas Utopias" (p. 150), mesmo que certamente possam ser "o suporte da aspiração comum ao melhor ser" (p. 169).

4. É por isso que constata, precisamente antes de "dizer a verdade e o fundamento de seu pensamento" (*U.*, pp. 437-438), que se houvesse contado aos cortesãos "o que Platão descreve na sua *República* ou o que os utopianos fazem na sua, tais costumes, mesmo se fossem superiores — e certamente o são —, poderiam parecer-lhes estranhos, porque aqui as posses de cada um são privadas e lá tudo é comum a todos" (p. 434).

5. R. Burton (1576-1640) exprime vivamente esse demiurgismo na sua *Anatomy of Melancholy* (1621): "Quero (...), para minha satisfação e meu próprio prazer, fundar minha própria Utopia, uma Nova Atlântida, um estado imaginário exclusivamente meu, onde serei livre para comandar, construir cidades, fazer leis e estatutos como melhor me aprouver. E por que não?" (citado por P. Mesnard, "L'utopie de Robert Burton", em *Les utopies à la Renaissance*, pp. 81-82).

6. C. Marouby analisa nesse sentido, em *Utopie et primitivisme. Essai sur l'imaginaire anthropologique à l'âge classique* (Le Seuil, 1990), as relações complexas que unem, contra um fundo de oposição primeira, essas duas correntes literárias nascidas da descoberta do Novo Mundo: enquanto que para aquilo que seria chamado a se tornar etnologia a idéia de natureza tende a se reabsorver no social como fato de representação à medida das descobertas reais do outro, com a utopia em compensação ela é reforçada pela negação mesma de que é objeto quando da construção imaginária da cidade perfeita.

7. Ver, por exemplo, *Principe Espérance*, I, pp. 183-193.

8. Ver S. Dresden, "Platonismo e concepções humanistas do *non-finito*", em *Platon et Aristote à la Renaissance*, 15º Colóquio Internacional de Tours, Vrin, pp. 453-467.

9. Já no século IX, no canto VII da *Odisséia*, Homero descreveu o maravilhoso jardim de Alcínoo, no qual as árvores estão sempre e incansavelmente carregadas de frutos.

10. *Mythe et pensée chez les Grecs*, I, Maspéro, 1971, p. 17.

11. Em 268d-273c.

12. Platão retoma esse mito no livro IV das *Leis*. Voltaremos a ele.

13. *Fedro*, 274c; *Filebo*, 16c.

14. Assim, "a utopia medieval" de W. Morris (1834-1896) *Notícias de Parte Alguma* (1890) [*Nouvelles de Nulle-Part*, Editions Sociales, 1961] não pode ser

considerada propriamente utópica. Ver sobre esse romance P. Meier, *La pensée utopique de William Morris*, Editions Sociales, 1972.

15. Citado por E. Bloch, *Principe espérance*, I, p. 168.

16. Ver M. Löwy, *Rédemption et utopie*.

17. Léo Löwenthal, particularmente, ou W. Benjamin, no período focalizado por M. Löwy (fim do século XIX/início dos anos 30), serão no mínimo extremamente sensíveis às nostalgias da "sociedade natural" de Baader.

18. Citado por M. Löwy, op. c., p. 16.

19. *Le messianisme juif. Essai sur la spiritualité du judaïsme*, pp. 25-30.

20. *Les grands courants de la mystique juive*, Payot, 1968, pp. 286-304.

21. Ibid., pp. 38-39.

22. *Utopie et socialisme*, p. 236.

23. *Essais* 2, 1935-1940, p. 39.

24. *Principe Espérance*, I, pp. 173, 193-194. Isso exige uma "profundidade" outra que a dirigida para baixo. Os arquétipos podem ser "aprofundados para cima e para adiante" e assim talvez revelada "uma luz proveniente da utopia, mesmo no romantismo com sua fonte nostálgica de luz subterrânea e sepulcral" (p. 194). Ver também *Héritage de ce temps*, Payot, 1978, em especial as pp. 150-152, onde Ernst Bloch, prestando homenagem à "arqueologia do passado" encetada por Walter Benjamin, alerta todavia contra o arcaísmo romântico a que pode induzir.

25. Op. c., pp. 200-201. E. Bloch vê exemplos disso "em inúmeras metáforas concentradas (não há água pior do que água parada, toda altura é solitária) ou ainda no arquétipo da tempestade e do arco-íris, como na imagem da luz e do sol na *Flauta mágica*" (p. 200).

26. Citado por A. Münster, *Figures de l'utopie dans la pensée d'Ernst Bloch*, Aubier, 1985, pp. 140-141.

27. Assim, L. S. Mercier, com *L'an 2440* (1770), inaugura um novo gênero que se poderia chamar a "utopia de antecipação" e que só é parcialmente utópico.

28. Foi um "malfadado incidente", vale dizer o acaso, que escapa a qualquer determinação, que privou Morus e Gilles dessa informação: alguém começou a tossir no momento em que Rafael dava a localização de Utopia.

29. B. Baczko exprime bem isso: "*Não há utopia sem uma representação totalizante e irruptiva da alteridade social.* O grau dessa alteridade poderia, de alguma forma, servir de escala para uma classificação das utopias. O tipo ideal de utopia seria a representação global de uma Cidade Nova em ruptura radical com a sociedade existente, que recusasse toda continuidade e imaginasse um recomeço da história a partir do zero" (*Lumières de l'utopie*, p. 30; ver, de forma mais geral, o cap. IV).

30. *A República*, VI, 501a. No final do VII, Platão imagina exilar nos campos todos com mais de 10 anos de idade: "Seria o meio mais rápido e mais fácil de estabelecer a constituição que traçamos" (541a).

31. "Circunstâncias" ou "inspiração divina" não podem ser excluídas, se considerada "toda a extensão dos séculos" ou a situação em "algum país estrangeiro longe dos nossos olhos". O que está em jogo é bem percebido por Platão: se dissesse que é impossível que o filósofo governe, "estaríamos nos prestando justamente ao ridículo, para alimentarmos puras quimeras (*euchai*)"

(VI, 499, 502). *As Leis*, que exprimem uma poética do possível, não dizem outra coisa no fundamental: além das condições geográficas e do povoamento da colônia onde se estabelecerá o novo Estado, é preciso uma "circunstância favorável" para encontrar um jovem e corajoso Tirano que aprenda com facilidade e seja instintivamente moderado e um legislador que possua a arte da política (IV, 708-710). Sabe-se o que tinha sido das tentativas sicilianas nessas bases. Sobre a importância em Platão da passagem da essência à existência ver M.-P. Edmond, *Le philosophe-roi, Platon et la politique*, Payot, 1991.

32. Ver G. Scholem, *Le messianisme juif.* "A redenção é (...) o surgimento de uma transcendência acima da história, uma intervenção que faz desaparecer e desmoronar a história, a projeção de um raio de luz por uma fonte exterior à história" (p. 35).

33. S. Mosès, em *L'ange de l'histoire*, Seuil, 1992, mostra como, a partir de caminhos diversos, Rosenzweig, Benjamin e Scholem pensam um tempo descontínuo, sempre aberto ao impossível.

34. G. Scholem não poderia dizê-lo de forma mais clara: "Nos textos bíblicos que estão na sua origem, o advento messiânico jamais é descrito como resultante da ação do homem (...) Tudo o que deve acontecer deve vir de Deus" (pp. 39-40).

35. *Principe Espérance*, II, p. 47.

36. E. Lévinas esclarece bem esse ponto em "Sobre a morte no pensamento de Ernst Bloch", em *Utopie, marxisme selon Ernst Bloch*, org. de G. Raulet, Payot, 1976. Para M. Horkheimer, se "a utopia tem duas faces: ela é a crítica daquilo que é e a representação daquilo que deve ser", "sua significação essencial reside no primeiro momento" (*Les débuts de la philosophie bourgeoise de l'histoire*, Payot, 1980, p. 103).

37. La Mothe Le Vayer (1588-1672) ou Naudé (1600-1653) não são revolucionários. Eles servem o poder real e Naudé tomou mesmo a defesa da Noite de São Bartolomeu em nome da Razão de Estado.

38. *Le libertinage au* XVIIe s., Paris, 1909-1928, reedição Genebra, Slatkine-reprints, 1968, t. XII, pp. 28-29.

39. *Leçons sur l'histoire de la philosophie*, t. 6, p. 1738, p. 1723. E assim "a filosofia francesa (...) é o conceito absoluto que se volta contra todo império das idéias recebidas e dos pensamentos estabelecidos, que destrói tudo o que está estagnado e se dá a consciência da liberdade pura" (p. 1715).

40. *Le matérialisme*, pp. 11 e seg.

41. Dirigindo-se a Lorenzo: "contanto que vossa casa conserve algo da conduta daqueles que vos propus como modelos" (*O príncipe*, XXVI); ver também caps. VI, XIV.

42. Na mesma perspectiva, a investigação histórica que tem por objeto o que foi deve procurar os comentários: o reflexo é pensado como reflexo de um reflexo e assim se deve ler a conspiração de Brutus pelo que dela narrou Tito Lívio.

43. *O príncipe*, cap. VI; ver *O capítulo da ocasião*. No final do livro, Maquiavel exorta Lorenzo de Medici: "Não deixemos de modo algum escapar a ocasião presente" de livrar a Itália dos "bárbaros" (cap. XXVI).

44. Assim Soderini, dirigente da República de Florença, afastado com o retorno dos Medici em 1512 (e com ele o secretário Maquiavel), caiu por ter

mantido uma "política de humildade e paciência" que fez "prosperar sua pátria enquanto as circunstâncias se prestaram a esse regime" mas com a qual devia ter rompido assim que os tempos mudaram (*Tito Lívio*, III, 9).

45. É por isso ademais que, se há uma vantagem de que dispõem as repúblicas, que lhes assegura "mais vida e uma saúde mais vigorosa e de sustentação mais durável que a das monarquias, é a de poder, pela variedade e a diferença de gênio de seus cidadãos, se acomodar de maneira bem mais fácil que aquelas às mudanças trazidas pelo tempo" (*Tito Lívio*, III, 9, p. 277).

46. *Tito Lívio*, I, 2, p. 41. Maquiavel inspira-se aí em Políbio, *Histórias romanas*, VI, 3-9.

47. O homem "virtuoso" evoca o homem "valoroso" da literatura medieval, aquele que age de maneira decidida.

48. Se "o tempo afasta igualmente tudo à sua frente e (...) traz na seqüência tanto o bem como o mal, tanto o mal como o bem" (*O príncipe*, XXV), Moisés, Ciro, Rômulo, Teseu etc. foram grandes por tê-lo tomado como "matéria à qual puderam dar a forma que julgaram conveniente" (VI).

49. *Tito Lívio*, II, 29, p. 232.

50. *Le travail de l'œuvre. Machiavel*, Tel-Gallimard, 1986, p. 443.

51. Dessa forma, Gramsci vê que "o caráter utopista do Príncipe vem do fato de que o 'príncipe' não tinha existência histórica real, de que não se apresentava ao povo italiano com um caráter de imediatismo histórico, mas era ele mesmo uma abstração doutrinária, o símbolo do chefe em geral, do 'condottiere' ideal" (*Cahiers de prison, 8*, Gallimard, 1983, p. 268).

52. Ver C. Lefort, op. c., pp. 444-449.

53. Foi assim, entre outras, com a tentativa de realização da Icária de Cabet (ver C. Francis e F. Gontier, *Partons pour Icarie*, Perrin, 1983), as várias tentativas fourieristas (ver H. Desroches, *La société festive, du fouriérisme écrit aux fouriérismes pratiqués*, Seuil, 1975) e, de modo geral, as diversas comunidades utopistas do século XIX (ver J. C. Petitfils, *La vie quotidienne des communautés utopistes au* XIXe siècle; R. Creagh, *Laboratoires de l'utopie*, Payot, 1983). Ver também *1848, Les utopismes sociaux*, Sedes, 1981.

54. *L'ideologie allemande*, Editions Sociales, 1976, p. 469. Leibniz dissera: "É verdade que se pode imaginar mundos possíveis, sem pecado e sem infelicidade, e que com eles se poderiam fazer Utopias como os romanos..." (*Teodicéia*, I, §10).

55. Ver, por exemplo, *Le Manifeste du Parti Communiste*, pp. 73-77.

56. Ver, sobre essa perspectiva, R. Mucchielli, *Le mythe de la cité idéale*, Gérard Monfort, 1960.

57. *Critique de la raison pure*, pp. 413-414. Assim, "o sábio (do estóico) é um ideal, isto é, um homem que só existe no pensamento mas que corresponde plenamente à idéia da sabedoria".

58. Ibid., Das idéias em geral, 263.

59. "Quanto a querer realizar o ideal num exemplo, quer dizer, no fenômeno, como de alguma forma o sábio num romance, isso permanece impraticável..." (p. 414).

60. *Pour lire Hegel et Marx*, Editions Sociales, 1980, cap. 4: "Hegel e Marx, críticos da utopia".

61. *Principes de la philosophie du droit*, Gallimard, 1966, p. 41.

62. "Platão deu assim na *República* o que se chama um Ideal de constituição política que se tornou proverbial no sentido de que é uma quimera, no sentido de que ela pode ser pensada na cabeça, que ela é mesmo realizável, mas com a condição de que os homens sejam excelentes como talvez na lua; ela não é realizável para os homens tais como são e portanto tal ideal é bastante ocioso" (*Leçons sur Platon*, p. 125).

63. Ibid., pp. 41-42.

64. *Science de la logique*, Introdução, Aubier, 1969, pp. 36, 40-41.

65. *Leçons sur Platon*, p. 125.

66. Ver M. Abensour, "Marx: qual crítica da utopia?", *Lignes*, nº 17, out. 1992, Hazan.

67. Ver os textos coligidos por R. Dangeville em F. Engels e K. Marx, *Utopisme et communauté de l'avenir* e *Les utopistes*, Maspéro, 1976. Marx e Engels tiveram, certa época, o projeto de publicar e traduzir os utopistas desde Thomas Morus. Ver F. Engels, *Lettre à Marx* de 17 de março de 1845, em *Correspondance*, I, Editions Sociales, 1977, pp. 364-370.

68. *Le Manifeste du Parti Communiste*, p. 74.

69. Ibid., pp. 75-76. "O socialismo teórico alemão não esquecerá jamais que cresceu nos ombros de Saint-Simon, de Fourier e de Owen, três homens que, apesar de todas as suas idéias quiméricas e de suas visões utópicas, figuram entre os maiores cérebros de todos os tempos e anteciparam genialmente inúmeras coisas cuja justeza demonstramos hoje cientificamente" (F. Engels, *La guerre des paysans en Allemagne*, Prefácio, Editions Sociales, 1974, p. 38). Na mesma perspectiva, Marx considera, criticando Proudhon, que "ele mesmo não passa de um utopista pequeno-burguês, enquanto que nas utopias de um Fourier, de um Owen etc. lêem-se o pressentimento e a expressão fantástica de um mundo novo" (*Lettre à L. Kugelmann* de 9 de outubro de 1866, em *Correspondance*, VIII, Editions Sociales, 1981, p. 322).

70. Segundo Engels, Owen desenvolveu suas proposições de abolição das diferenças de classe "ligando-se diretamente ao materialismo francês" (*Socialisme utopique et socialisme scientifique*, p. 62). "Robert Owen assimilou a doutrina dos filósofos materialistas da época do Iluminismo, segundo a qual o caráter do homem é produto, de um lado, de sua organização nata e, de outro, das circunstâncias que o cercam durante a vida, mas sobretudo no período de sua formação" (p. 72). Esse texto de Engels constitui-se da reunião de alguns capítulos do *Anti-Dühring*, feita a pedido de Paul Lafargue em 1880. Na *Sagrada família*, Fourier aparece como procedendo para Marx diretamente do materialismo francês (*La sainte famille*, Editions Sociales, 1972, p. 158).

71. K. Marx e F. Engels, *La sainte famille*, p. 158. Ver, de modo mais geral, pp. 151-160, para ler à luz do estudo de O. Bloch, "Marx, Renouvier et l'histoire du matérialisme", *La Pensée*, nº 191, jan.-fev. 1977. O. Bloch mostra quanto Marx (que é o autor dessa passagem) deve ao *Manuel de philosophie moderne* (1842) de Charles Renouvier. No entanto, o trecho capital sobre as teorias materialistas do homem, que Marx considera como origem do socialismo e do comunismo, se retoma termos de Renouvier, apresenta-os de maneira diametralmente oposta: assim, Marx atribui ao humanismo o que Renouvier atribuía ao egoísmo (p. 31). O. Bloch indica que, de maneira mais geral, "ao mostrar que o comunismo se liga ao materialismo do século XVIII, Marx (...) se opõe sobretudo

à opinião comum — às opiniões comuns segundo as quais o materialismo tem por corolário não absolutamente o 'socialismo' ou o 'comunismo', mas exatamente os seus contrários: o individualismo ou o 'egoísmo'" (p. 35), o que levou a supor que os ideais socialistas e comunistas tiveram uma inspiração mais ou menos religiosa (p. 36). Isso posto, O. Bloch ressalta que o princípio, aqui pensado como conseqüência natural das doutrinas dos materialistas do século XVIII, segundo o qual convém formar humanamente as circunstâncias que formam o homem será na *Troisième thèse sur Feuerbach* elemento da crítica propriamente dialética desses materialistas (pp. 37-38).

72. *Socialisme utopique et socialisme scientifique*, pp. 63, 76.

73. *Le Manifeste du Parti Communiste*, p. 75. "A atividade social deve ser substituída pela sua própria engenhosidade; as condições históricas da emancipação por condições imaginárias; a organização progressiva do proletariado em classe por uma organização da sociedade que eles mesmos fabricaram com todas as peças" (p. 74). Ver também *Socialisme utopique et socialisme scientifique*, p. 66; *Le débat social sur l'Association démocratique* (12 nov. 1848); *Première ébauche pour la Guerre civile en France*, citado em F. Engels e K. Marx, *Utopisme et communauté de l'avenir*, pp. 114-116; *Lettre à J. B. von Schweitzer* de 24 de janeiro de 1865, em Marx-Engels, *Correspondances*, VIII, pp. 13-14.

74. *Le Manifeste du Parti Communiste*, p. 75. "Eles não admitem evolução histórica e é por isso que querem mergulhar a nação imediatamente no estado comunista, sem esperar, sem seguir a política atual até o momento em que ela se dissolva por si mesma" (F. Engels, *La situation de la classe laborieuse en Angleterre*, Editions Sociales, 1975, p. 293).

75. *Socialisme utopique et socialisme scientifique*, p. 73. Ver pp. 71-77. Ver também o *Discours d'Elberfeld* de 1845, citado em F. Engels e K. Marx, *Utopisme et communauté de l'avenir*, pp. 40 e seg., e *Progrès de la réforme sociale sur le continent*, de 4 de novembro de 1843, citado na coletânea de R. Dangeville: K. Marx e F. Engels, *Le mouvement ouvrier français*, I, Maspéro, 1974, p. 49.

76. *Discours d'Elberfeld*, em *Utopisme et communauté de l'avenir*, p. 42.

77. Em *Utopisme et communauté de l'avenir*, pp. 59 e seg.

78. *Le Manifeste du Parti Comuniste*, p. 76. "É natural que o utopismo, que antes do tempo do socialismo materialista crítico já o continha em germe, não possa ser mais que ingênuo agora que ele chegou; ingênuo, insípido e fundamentalmente reacionário..." (K. Marx, *Lettre à F.A. Sorge* de 19 de outubro de 1877, em Marx e Engels, *Critiques des programmes de Gotha et d'Erfurt*, Editions Sociales, 1972, p. 124). Ver também K. Marx, *Misère de la philosophie*, Editions Sociales, 1972, pp. 133-134, e *Les prétendues scissions dans l'Internacionale*, citado em *Les utopistes*, pp. 96-98.

79. *Socialisme utopique et socialisme scientifique*, p. 77.

80. Em Marx/Bakunin, *Socialisme autoritaire ou libertaire*, 10-18, UGE, t. 2, 1975, p. 380.

81. *Manuscrits de 1857-1858*. t. I, Editions Sociales, 1980, p. 95.

82. *Lettre à A. Ruge* de setembro de 1843, em *Correspondance*, I, 1977, p. 299. "Nós não antecipamos sobre o mundo de amanhã com pensamento dogmático, mas (...) ao contrário, queremos só encontrar o mundo novo ao termo da crítica do velho (...) traçar planos definitivos para a eternidade não é o nosso negócio" (pp. 297-298).

83. *Marx, penseur du possible*, Méridiens Klincksieck, 1992.

84. *Principe Espérance*, I, p. 237.

85. *Lettre au P. Mesland* (Carta ao padre Mesland, de 9 de fevereiro de 1945), Classiques Garnier-Bordas, t. III, 1989, pp. 532-553.

86. *Science de la logique*, Lógica do ser, Aubier, 1969, pp. 138 e seg.

87. Lembremos o *Fédon*: "Essa realidade em si (*auté é ousia*), de cujo ser tomamos consciência quando perguntamos e quando respondemos, mantém sempre identicamente as mesmas relações? Ou é ora de um jeito, ora de outro? O Igual em si, o Belo em si, a realidade em si de cada coisa, seu ser (*to on*), será suscetível de mudança, mesmo da menor mudança? Aquilo que é cada uma dessas coisas (*autôn echaston o esti*), a unicidade em si e por si de seu ser, mantém sempre identicamente as mesmas relações e jamais admite, em qualquer ponto e de nenhuma maneira, qualquer alteração? — Isso é forçoso, Sócrates, mantém identicamente as mesmas relações! — diz Cebes" (78cd). Ver também, por exemplo, *Timeu*, 27d, e *Fédon*, 80b.

88. *U.*, pp. 455, 462. E isso contrariamente ao que afirmam vários autores, como P. Mesnard: "Notemos para começar que Utopia adota um regime decididamente conservador. A idéia de progresso é praticamente desconhecida ali; o único progresso consistiria em generalizar o método e estendê-lo a todos os estrangeiros" (*L'essor de la philosophie politique au XVIe s.*, Vrin, 1969, p. 175). Ou ainda R. Trousson: "A utopia está num presente definitivo que ignora o passado e mesmo o futuro, porquanto, sendo perfeita, não mudará mais. Edificada em nome do progresso absoluto, a utopia realizada renega toda possibilidade de progresso ulterior; ela é decididamente imobilista, definitiva, e está ao abrigo do tempo" (*Voyages aux pays de nulle part*, p. 21). A Prévost, em compensação, ressalta com razão a "sede de progresso" dos utopianos (*U.*, pp. 113-116).

89. *Contribution à la critique de l'économie politique*, Prefácio de 1859, Editions Sociales, 1972, pp. 4-5.

90. *L'utopie et les utopies*, pp. 70-75.

91. Pp. 79, 89. Ver também, por exemplo, a utopia do "tempo simultâneo" da corte de Carlos, o Temerário (nem cíclico, nem linear, nem imóvel), tempo enrijecido pelo código (pp. 99 e seg.), ou a dos hospícios de alienados cuja imagem de "nau dos insensatos" exprime bem a necessária "reprodução monótona de uma figura eternamente idêntica" (p. 142).

92. Guilherme de Hirsan, morto em 1091. Ver G. Lapouge, op. c., pp. 114-125. "O relógio mecânico reproduz, sob a forma de um objeto, os traços pertinentes de toda estrutura utópica, ao mesmo tempo que constitui o eixo, necessário e ausente, de todo estado utópico (...), essa imagem utópica que é o relógio se evidenciando ao mesmo tempo peça mestra da utopia de que é imagem" (p. 121).

93. *Le désert des tartares*, pp. 74-76. "A existência de Drogo (...) estava como que paralisada. O mesmo dia, com seus acontecimentos idênticos, repetia-se centenas de vezes sem dar um passo à frente" (p. 82). Ver também, p. ex., pp. 188, 193, 200.

94. *En attendant Godot*, Les Editions de Minuit, 1986. No primeiro ato, encontra-se um amigo, a quem se oferece uma cenoura; aparecem passantes estranhos; um rapazinho avisa que Godot não virá. No segundo ato, um

rabanete é oferecido e recusado; os mesmos passantes estranhos ficaram cegos e mudos; o garoto volta, mas não exatamente da mesma maneira. Assim, essa repetição ligeiramente sem sentido perturba, de tal sorte que Pozzo tem razão de exclamar: "Já chega de me envenenar com suas histórias de tempo!" (p. 126). Esse escoamento do tempo não tem nenhuma importância; o tempo aí não é determinado nem pela vinda do outro nem pela repetição exata do mesmo. É no entanto, antes, o mesmo, pois que no essencial nada muda: Godot não vem, Vladimir e Estragão o esperam.

95. *Le château*, Folio-Gallimard, 1972. Ver, p. ex., p. 211.

96. *Le désert des tartares* é bem claro: "As esperanças de outrora, as ilusões guerreiras, a espera do inimigo do norte, tinham sido apenas um pretexto para dar um sentido à vida" (pp. 175-176). Ver também p. 147: "Aqui no forte pode-se esperar em algo melhor." Tal é também, evidentemente, o sentido metafísico de *En attendant Godot*. O sofrimento da existência, um sentimento de culpabilidade (pp. 10, 13) exigem a todo instante que chegue um fim (e pouco importa, no caso, quem é esse senhor Godot). No entanto, é também o tédio que gera a insatisfação (p. 66), quer dizer, paradoxalmente, aquilo que nasce de uma vida monótona, ela mesma produzida pela espera. Tal é a infelicidade de Aldo em *Le rivage des Syrtes*: seu desejo de outra coisa surge do caráter morno da espera no Almirantado (pp. 46-47).

97. O que Drogo deseja afinal é "ter diante de si um tempo infinito e saboreá-lo sem ter que se atormentar" (*Le désert des tartares*, p. 187), o que acontece no abandono a um tempo de perpétuos retornos. E é por isso que, em vez de dar o alarme quando surge o cavalo anunciador dos tártaros, "Drogo, após muita hesitação, decidiu esperar a noite" (p. 97). Igualmente, mais tarde, de volta a seu "posto habitual", ele se satisfaz "em poder retomar, tais quais, seus velhos hábitos. (...) crê ter ainda diante dele um lapso de tempo infinito e renuncia assim à mesquinha luta pela vida cotidiana" (p. 173). Mas se a repetição, que engendra a espera, pode acabar sendo desejada por si mesma, como substituto do que é esperado, é talvez porque nada além é esperado senão a própria espera, é talvez porque a espera é o próprio sentido de si mesma, numa insatisfação ao mesmo tempo irremediável e absoluta. Esse paradoxo da espera esperada, do tédio desejado ao mesmo tempo que se deseja seu fim, pode desaparecer com a condição de se ver no nada, na morte, no vazio, manifestados já na espera mas de forma incompleta, o objeto de toda espera. Não é de espantar então que Drogo morra quando enfim chega o exército do norte: "A fuga do tempo estancou (...). A estrada de Drogo chegara ao fim" (p. 238). E foi por isso que, no momento de morrer, "com uma alegria inexprimível, Giovanni Drogo percebeu de repente que estava totalmente tranqüilo, quase ansioso por recomeçar a provação" (p. 240). Igualmente, *O castelo* termina com a morte de K., por fim convocado. Assim, se só a espera vale, como momento indeterminado do ser, como nada essencial, é porque o próprio nada é que seria esperado. Finalmente, se a verdade do tempo imóvel, da repetição, é a indeterminação, vale dizer o nada, esse tempo não pode ser utópico. Nem Utopia é não-ser que espera o ser, nem o seu ser é não-ser.

98. Desse ponto de vista, K. ou Aldo são mais utópicos que Drogo ou Vladimir e Estragão: sua espera não é puramente passiva; eles se esforçam, com maior ou menor sucesso, por agir, produzir alguma coisa por si mesmos,

enquanto tentam ir rumo ao que esperam. K. se esforça por assumir responsabilidades, trabalhar, embora não haja nada a fazer na aldeia, e Aldo vai para o Farguestão (pp. 195-217).

99. Orsenna espera a chegada dos cavaleiros do Farguestão, esses "belos cavaleiros que cheiram a relva dos campos e frescor da noite, com seus olhos de outra parte e suas capas erguidas ao vento" (*Le rivage des Syrtes*, p. 318). Danielo, que tem nas mãos o destino de Orsenna, sabe que essa presunção a matará. Não é porém a morte que ele espera para a Cidade: a morte é o risco da fecundação; quem quer a vida totalmente deve, por isso, estar pronto para a morte. A perspectiva não é pois a mesma do *Le désert des tartares*, onde vimos que a morte traz a serenidade (morrendo, Drogo "sorri", p. 242). Como diz P. Berthier, "Gracq e Buzatti dizem exatamente o contrário um do outro: Gracq aposta na fecundidade, Buzatti na impotência do desejo" ("Gracq e Buzatti, poetas do acontecimento", em *Cahiers de l'Herne*, 1972, p. 150).

100. Ibid., pp. 566, 570-577, 581-589. Isso implica evidentemente um imoralismo perfeitamente maquiavélico. Mas, é preciso repetir, esse imoralismo não é utópico. É o efeito da superioridade de Utopia que lhe permite, forçada à guerra, limitar seu lado selvagem, natural, bruto, do qual não é causa e que, ademais, é por sua própria essência negado.

5. A Harmonia como Sistema

SISTEMA SOCIAL E RAZÃO SISTEMÁTICA

A harmonia define a essência de Utopia e essa harmonia encontra sua expressão imediata na sistematicidade: Utopia é um sistema, quer dizer, como por exemplo o define A. Lalande, um "conjunto de elementos, materiais ou não, que dependem reciprocamente uns dos outros de maneira a formar um todo organizado".[1] Mas ela não é apenas e primeiramente sistema. Sua forma estrutural encontra seu sentido em princípios estabelecidos racionalmente, de tal forma que a racionalidade de seu modo de existência é a manifestação de valores eles mesmos racionais. Trata-se, para ir direto ao essencial, da felicidade que justifica o direito natural; do autogoverno pelas leis, cuja universalidade essencial é racional; do comunismo pelo qual, em última análise, todo o resto é possível, através da unidade do gênero humano fundada na razão que ele possibilita; e do trabalho pelo qual os homens se produzem a si mesmos no domínio prático da natureza pela razão e que permite explicar o movimento da história utópica. Examinaremos isso no capítulo seguinte.

As outras cidades também constituem, certo, unidades relativas nas quais existem solidariedades. Mas assim como Utopia é a única "comunidade política verdadeira", é a única "verdadeira harmonia" apresentando-se como único "sistema verdadeiro", pelo que seu equilíbrio próprio não é da ordem dos de outras cidades, provisórias, circunstanciais e frágeis. Sua origem permite perceber isso: a unidade sistemática que preside à ordenação de seus momentos, devido à unidade de plano de sua fundação, exprime a vontade única de seu fundador, Utopus.[2] Utopia, tratado filosófico escrito na existência mesma de uma essência, a qual não tem outro lugar que essa existência, revela assim um certo modo de ser da razão: exatamente o que fará Descartes dizer que "não há tanta perfeição nas obras compostas de várias peças e feitas pelas mãos de vários mestres quanto naquelas em que só um trabalhou".[3]

De que vale essa sistemática do ponto de vista filosófico? Segundo Kant, num sistema racional uma "idéia é o conceito racional da forma de um todo, enquanto é nele que são determinadas *a priori* a esfera dos elementos diversos e a posição respectiva das partes. O conceito racional científico contém, por conseguinte, o fim e a forma do todo que concorda com ele". Isso tem por conseqüência particular e primeira que "a unidade do objetivo ao qual se relacionam todas as partes, ao mesmo tempo que se relacionam umas às outras na idéia desse objetivo, faz com que nenhuma parte possa faltar sem que se note a sua ausência quando se conhecem as outras, e com que nenhum acréscimo acidental ou qualquer grandeza indeterminada da perfeição que não tenha seus limites determinados *a priori* possa ter lugar" (*Crítica da razão pura*). Com efeito, um sistema só funciona se estiver presente tudo o que lhe é necessário, no devido lugar e não em outro. O cuidado do detalhe é pois fundamental para quem quer compreender bem Utopia. É nesse sentido que se deve ler a recomendação da apresentação da edição de 1517 da *Utopia*: "Deves na verdade aprendê-la de cor...". É com efeito o que se impõe se o valor do conjunto pode ser alterado por um erro parcial, fonte possível da desestruturação. E é por isso que J. Busleiden conclui a sua *Carta a T. Morus* dizendo que as comunidades políticas atuais garantirão sua salvação "contanto que se conformem exatamente ao único e exclusivo modelo da República utopiana e que não se afastem dele sequer, como se diz, um fio de cabelo".

Essa supressão ideal das contradições reais é idealista e o materialismo de Marx e Engels que recusa a acepção utópica da noção de sistema recusa ao mesmo tempo o detalhe.[4] É por isso que, segundo Engels, se um plano do futuro como o de Owen pode ser admirado na medida em que "a elaboração técnica dos detalhes é feita com tal competência que, uma vez admitido o método de reforma social de Owen, há pouca coisa a dizer contra o detalhe da organização mesma, do ponto de vista técnico",[5] por outro lado a avaliação geral dos sistemas sociais utopistas é que "quanto mais elaborados no detalhe, mais se perdiam na fantasia pura".[6] São "romances", segundo a fórmula apresentada no capítulo 4, antes de tudo porque são sistemas. E é nesse sentido que Marx, respondendo à *Revue Positive de Paris*, gaba-se de se "ter limitado a uma simples análise crítica dos elementos dados, em vez de elaborar receitas (contistas?) para as marmitas do futuro".[7]

Que Utopia seja ao mesmo tempo essência e existência, como imagem de si mesma, implica uma mediação interna a seu próprio modo de ser que permita a sua essencialidade dar-se a ver na sua imagem, quer dizer aqui, no caso, uma modalidade determinada de aparição do sistema e dos detalhes. Como a forma matemática convém à sistematização,[8] a razão utópica envolve um certo esquematismo[9] de determinação matemática. É nesse quadro que o geometrismo da descrição utópica, que supõe a simultaneidade de existência de seus objetos, tem por função exprimir a permanência substancial da cidade perfeita. No entanto, o esquematismo utópico não é somente nem antes de tudo matemático: a sistemática de Utopia, sua harmonia valem pela unidade dos seus elementos. A "Ilha" utopiana pode ser portanto igualmente lida como um esquema. Aqui, o conceito no qual a imaginação tem por função "procurar sua imagem" é o de uma totalidade auto-suficiente, somente pela qual o detalhe, que só é enquanto a detalha, pode ter um sentido. É portanto em relação ao esquematismo matemático e insular que convém especialmente examinar o que há aí de contradição em Utopia.

A ILHA

Não é portanto casual que o Livro II comece com a informação de que Utopia é uma ilha, descrita como tal, e com o relato do primeiro gesto de Utopus, que fez do país de Abraxas uma ilha ao suprimir o istmo que o ligava ao continente. E é por isso que toda verdadeira utopia deve imaginar sua cidade ideal cercada de água[10] ou isolada no meio de uma grande planície,[11] de uma savana ou floresta[12] ou mesmo no espaço interplanetário.[13] Pode-se compreender isso, primeiro, por motivos de proteção militar ou ideológica. Rafael mostra de imediato as vantagens das defesas naturais da ilha para os utopianos (p. 331). Da mesma maneira, cada cidade de Utopia é como uma imagem da própria ilha, pois é cercada por "altas e grossa muralhas guarnecidas de torres e numerosas obras militares", formando uma praça forte.[14] Mas essa função defensiva, embora real, não é a primeira. Ou, antes, deve ser vista como decorrente daquilo que estruturalmente fundamenta a essência de Utopia, aquilo de que ela é, de certa forma, a manifestação negativa. A Ilha é antes de tudo esquema utópico pelo fato de que a perfeição utópica é pensada no acabamento, na totalidade, na unidade de uma harmonia, e porque isso exige o limite e o fechamento. O Jardim de Epicuro, cujo fechamento também deixa de fora a indeterminação, o infinito, é então, na sua modalidade própria, um momento forte de utopismo.[15]

Mas é preciso ir além: na *Utopia*, esse Absoluto chamado Utopia é esquematizado de tal forma que o Finito não apenas exclui o Infinito como também, de certa maneira, o envolve. Com efeito, a alteridade é aí integrada, como indeterminação, no movimento mesmo pelo qual é rejeitada. A harmonia utópica, que supõe a sistematização, é pensada com a ajuda de imagens que introduzem simultaneamente o outro e o mesmo, a diferença e a identidade: a Ilha que Rafael viu tem a forma de um crescente e "as águas do mar penetram entre os cornos do crescente".[16] O exterior, portanto, está também no interior, assim constituindo-se uma "espécie de grande lago" que "os navios sulcam em todas as direções para o maior proveito dos habitantes", pois "a calma [aí] raramente é perturbada pela tempestade" (ibid.). O mesmo supõe o outro, cuja presença é portanto exigida, mas de tal forma que fique bem claro que se trata do outro. Assim, o mar, que enquanto tal entra em contradição com a ilha, tem nela todavia seu lugar de certa forma. Mas o modo de integração está sob o domínio de uma exclusão essencial exigida pela sistematicidade de Utopia: o mar não é a ilha.

A GEOMETRIZAÇÃO URBANÍSTICA

A ilha de Utopia tem uma forma geral circular. Amaurota, porém, é quadrada. Isso se deve de um lado ao fato de que, como signo de todas as outras urbes, seu modelo como capital precisa de uma situação perfeitamente centrada que a circularidade de Utopia supõe: "Essa cidade, situada por assim dizer no umbigo da terra, é a mais acessível aos representantes de todas as regiões e por essa razão considerada a primeira e a capital." Mas por outro lado sua forma quadrada torna-se igualmente necessária por sua distribuição em quatro bairros ou quarteirões idênticos, eles próprios constituídos de quadras, por sua vez idênticas, de casas cercando um jardim. "No centro de cada quarteirão há uma praça onde se juntam todos os objetos (...), os produtos do trabalho de cada família. Nessa praça, cada pai de família busca o que precisa para si e os seus e, sem dar dinheiro ou qualquer outra contrapartida, recebe o que foi buscar": o comunismo, em última análise, regula o urbanismo, o que permite em especial que nenhuma casa seja trancada a chave e que "a cada dez anos se mude de casa por sorteio". Utopia é através de suas cidades. Mas o esquema da ilha implica mais: assim como o mar, o outro da ilha, entra todavia nela em um golfo, da mesma maneira matadouros e hospitais, lugares de morte e de dor, estão em Utopia mas fora dos muros das cidades. São tão necessários à vida e à felicidade dos cidadãos como o porto. Mas como não são nem vida nem felicidade, sua integração apresenta-se, como o mar, na exclusão.

Quanto à própria cidade, a estruturação de Amaurota remete ao urbanismo "em tabuleiro de xadrez" de Hipódamo de Mileto (séc. V a.C.). Hipódamo, diz Aristóteles, foi quem "inventou a divisão regular das cidades e dividiu o Pireu em quarteirões".[17] O princípio que o guiava era a tripartição, com a finalidade de reatualizar os mitos fundadores. A cidade ideal é para ele organizada socialmente em três partes: artesãos, agricultores e guerreiros, cada um com seus quarteirões. Esse tipo de diferenciação não é utópico; mais utópico, aparentemente, era o espaço político e urbano de Clístenes (segunda metade do séc. V): J.-P. Vernant, P. Levêque e P. Vidal-Naquet[18] mostraram como as reformas de Clístenes visando à homogeneidade e à igualdade levavam a uma centração do espaço (a urbe como centro da cidade; e no centro a *Ágora* e no centro desta a sede do poder político, a *Bulê*).[19] Mas, segundo J.-P. Vernant,[20] nas novas condições do séc. V, quando as lutas intestinas dilaceravam o Estado, a unidade harmônica concebida por Hipódamo tem por objetivo, através de suas diferenças, reforçar a igualdade política: a localização da função guerreira permite assim, particularmente, isolá-la da esfera dos interesses econômicos privados. O novo esquema introduzido por Hipódamo não tem portanto uma intenção fundamentalmente diferente da de Clístenes, dando continuidade às antigas tentativas do pitagorismo de aplicar à organização da *pólis* as noções de número, harmonia e proporção desenvolvidas pela astronomia.

As cidades renascentistas italianas tendem também, desse ponto de vista, ao utopismo. Assim Sforzinda, a radiosa cidade de

Antônio Averlino, dito Filarete (1400-1460), apresenta a Finitude perfeita, e a unidade e a totalidade que a assinalam, num polígono de dezesseis lados em forma de estrela de oito pontas. Na preocupação geral com a racionalidade matemática, o desenho radiante passível de inscrição num círculo ou a formação imediatamente circular, como a dos sete anéis concêntricos da *Cidade do Sol* (1602) de Campanella (1568-1639), é além disso mais usado no geral do que o quadrilátero (da cidade ideal de Albrecht Dürer [1471-1528] ou da Cristianópolis de Valentim Andreae [1586-1654] por exemplo), numa expressão da perfeição de tendência cosmológica. De uma maneira geral, a racionalidade apresenta-se nas proporções, nas medidas detalhadas das ruas e dos edifícios. O Verdadeiro então se faz Belo, num esteticismo lógico triunfante. O racionalismo do século XVII, em sua forma sistemática, levará ao mais alto grau esse utopismo urbanístico: sabe-se o quanto Descartes ficava desolado com as antigas cidades, "ordinariamente tão mal traçadas", de ruas sinuosas e desiguais, cujos edifícios levam a pensar que "foi antes o acaso e não a vontade de alguns homens dotados de razão que as dispôs assim".[21] É por isso que Siden, o herói de Veiras que descobre o país de Sévarambes, fica tão maravilhado com Sporounde, "a cidade mais regular que já vi na minha vida".[22]

Embora seja impossível citar aqui todos os momentos do utopismo urbanístico,[23] não se pode no entanto deixar de destacar a força que ele adquire, particularmente, com Charles-Edouard Jeanneret, dito Le Corbusier (1887-1965).

LE CORBUSIER

O ponto de partida de sua reflexão é a crítica que lhe inspira a desordem das cidades contemporâneas, "ameaçadora catástrofe".[24] Se de fato a era da máquina tende a impor a selvageria generalizada, a destruição mesmo da humanidade, impõe no entanto um pensamento de harmonia aos construtores de cidades na medida em que é, por essência, o reino da sistematização. Esse é o sentido da célebre declaração de Le Corbusier: "Uma casa é uma máquina de morar."[25] O que se busca é uma nova estética, uma beleza digna da era da ciência e da indústria: trata-se para a arquitetura, "jogo erudito, correto e magnífico dos volumes sob a luz", de se colocar "em diapasão com o universo, cujas leis respeitamos, reconhecemos e aplicamos".[26] Assim, com o "Plan Voisin" (de zoneamento) para Paris, iniciado em 1925, ele se pretende um cirurgião urbano que dolorosamente devolve à cidade sua saúde com violentas intervenções que dilaceram o tecido da vida urbana para reconstituí-lo de forma racional.[27] A "Cidade Radiosa" imaginada a partir de 1932 e inspirada no mesmo cuidado com a harmonia coletiva, mas agora numa perspectiva de sociedade sindicalista, representa sem dúvida um esforço mais importante para conciliar as exigências do social, da organização, e as do indivíduo. Com ela aparece o sentido do sistema de Le Corbusier: os núcleos da Cidade Radiosa são "Unidades" habitacionais,[28] grandes blocos de apartamentos concebidos de acordo com o tamanho e as necessidades das famílias, compreendidas como fins em si, o que significa a instalação de serviços coletivos destinados a romper a condição da mulher como "empregada doméstica". Na Unidade habitacional, os serviços de cozinha, limpeza e educação das crianças são responsabilidade social e, com a mulher igualando-se ao homem, a família torna-se para cada um de seus membros lugar exclusivo de lazer.

É por isso que a leitura clássica da obra de Le Corbusier, em particular com base no julgamento de L. Mumford,[29] pede no mínimo um forte contraste: não se pode, de maneira simplista, limitá-la à pura exposição da ordem impessoal do vidro e do concreto, do sistema que esmaga o indivíduo condenado a se integrar num plano que só faz sentido para o espírito lógico que o concebeu. A filosofia de Le Corbusier é que "a vida transcorre entre duas forças magnéticas, cada uma capaz de atingir o sublime. Um desses pólos representa *aquilo que torna o homem único*: o excepcional, o patético, o divino da criação individual. O outro representa o que fazem, o que empreendem os homens em sociedade (...). Aqui, a grandeza individual, a amplidão do gênio. Lá, a administração, a ordem, a intenção, a galvanização, o civismo".[30] Mas isso não muda o fato de que o urbanismo de Le Corbusier, de maneira perfeitamente utopista, pensa a individualidade sob a unidade da totalidade, e isso num quadro em que a ordem arquitetural da cidade, modo de ser da própria cidade, é diretamente ordem social. Assim, no seu primeiro projeto de cidade ideal, amplamente inspirado em Saint-Simon, o da "Cidade contemporânea de três milhões de habitantes" (cujas primeiras idéias remontam a 1914-1915), a planificação ordena a disposição de uma cidade central, reservada à elite administrativa e industrial, e de cidades satélites operárias. Com a

"Cidade Radiosa" a perspectiva é outra, depois que Le Corbusier rompe com a ideologia capitalista, não pretendendo mais separar as habitações segundo as classes sociais: "Se queremos que a cidade se torne humana, deve ser uma cidade sem classes".[31] Mas por isso precisamente convém que o urbanismo seja o fundamento material de uma distribuição planificada dos recursos e da mão-de-obra.

A razão portanto é uma exigência aqui e mais precisamente a razão matemática: "A ARQUITETURA é a arte por excelência, que alcança o estado de grandeza platônica, ordem matemática, especulação, percepção da harmonia através de relações comoventes" (*Plans*, p. 8). De forma que a "Cidade contemporânea" é uma rede de ruas perfeitamente simétricas que se cortam em ângulo reto, se é verdade que "o espírito de perfeição eclode nos lugares de perfeição geométrica" e que a geometria provoca "alegrias intensas".[32] Por conseguinte, "a geometria transcendente deve reinar, ditar todos os traçados, inumeráveis, e levar a suas conseqüências até o menor deles".[33] Com esse cuidado absoluto do detalhe, Le Corbusier calculou que as unidades habitacionais da "Cidade Radiosa" devem acolher, cada uma, 2.700 moradores e entre muitas outras recomendações imperativas, que a vidraça da sala de estar dos apartamentos deve ter 3,66m de largura por 4,80m de altura.[34]

O geometrismo urbanístico é portanto esquema da razão sistemática. Mas é apenas um momento da matematização geral das relações pelas quais o primado do todo sobre as partes, esquematizado pela ilha, pode se fazer imagem.

A ARITMETIZAÇÃO DA VIDA

A vida social utopiana é perfeitamente mensurada: cada cidade tem seis mil famílias e cada família é composta por dez a dezesseis adultos, equilíbrio mantido com a transferência de crianças das famílias mais numerosas para as menos numerosas.[35] A jornada divide-se em três horas de trabalho, almoço, duas horas de sesta, mais três horas de trabalho, jantar, oito horas de sono e o tempo livre restante para "alguma ocupação da escolha" de cada um (pp. 469-470). Entre essas ocupações figura um jogo, "uma 'batalha aritmética' na qual o número supera o número" (p. 470). Assim é matematizada a vida cotidiana. Trocam-se as roupas a cada dois anos (p. 470); as famílias fazem suas refeições em grupos de trinta, "na hora marcada", e em mesas de quatro lugares, em grandes estalagens "construídas a igual distância umas das outras" (pp. 485-490).

Nisso Utopia parece bem platônica. De fato, na *República*, Platão regulamenta as uniões na classe dos Guardiões, as idades e momentos propícios para isso, de acordo com um "Número Nupcial", [36] e determina também as idades, quase os anos precisos, que convém a cada ocupação no quadro de formação dos filósofos (VII, 535 e seg.). Há aí um inegável utopismo. No entanto, o detalhe matemático na *República* não é o modo de descrição de uma cidade que se supõe existente. Concerne exclusivamente questões de princípio, envolvendo as condições internas de realização da essência da cidade justa e não sua eventual existência concreta. Assim, se a educação não for cuidadosamente matematizada, nenhum filósofo reinará nem será capaz de operar as determinações que convirão aos casos imprevisíveis e que é portanto impossível matematizar. Quanto às uniões, os livros VIII e IX mostram o que acarretam os nascimentos não resultantes de uma determinação matemática dos momentos de fecundidade e esterilidade: nascerão crianças indignas do governo, com elas a discórdia na classe dos Guardiões e estará aberto o caminho para que o Devir supere o Ser. Trata-se ainda aí, portanto, de uma condição de realização ou de preservação, interna a sua essência, da cidade justa, somente isso.

A utopia, em compensação, detalha matematicamente a vida concreta, o que é um dos motivos principais das antiutopias. Já Aristófanes (c. 450-386 a.C.), com *As aves*, ridicularizava através de seu personagem Méton os que querem geometrizar a cidade e a vida: "Quero medir o ar para vós e dividi-lo em parcelas."[37] Evgenii Zamyatin, com *Nós outros* (1920), ao qual devem muito o *Admirável mundo novo* (1932) de Aldous Huxley e *1984* (1949) de George Orwell, leva ao extremo, quer dizer, ao absurdo, a descrição de um mundo "ideal" matematizado, no qual "a linha do Estado Único é a direita. A direita é grande, precisa, sábia, é a mais sábia das linhas" (p. 16). Seus habitantes são números que marcham em fila quádrupla e levantam-se "todos os dias, com uma exatidão de máquinas, à mesma hora e no mesmo minuto (...), como um só número" (p. 26). Em uma palavra, o mundo de Zamyatin resolveu todos os problemas, o que não souberam fazer todos os "Kant reunidos" do velho mundo: "Nenhum deles jamais pensou em estabelecer um sistema de ética científica baseado nas operações aritméticas."[38] É que as matemáticas são "como uma ilha firme e inabalável" (p. 109). O que se busca é "a limitação contínua do infinito"[39] e, talvez de forma ainda mais radical, a existência das essências matemáticas: assim, por exemplo, "jamais vimos um corpo correspondente às fórmulas irracionais (...) mas o terrível é que eles existem realmente, embora invisíveis" (p. 109). I. Levin, em *Uma felicidade insuportável*, absolutiza essa matematização da vida confiando sua gestão a um computador central. A harmonização dos elementos é então infalivelmente racional, num utopismo exacerbado.

Mas isso não deve fazer esquecer que em Utopia mesmo, se o todo é de fato o que dá sentido às partes, a unidade sistemática é, em troca, a condição para o desabrochar das diferenças individuais. E é isso que a matematização das relações sociais e do espaço tem por função fundamental tornar presente. Arrisca-se pois ao contrasenso quem não vê que o matematismo é esquemático nas utopias e que, antes dele, o que importa é o que ele permite imaginar.

INDIVÍDUOS E COMUNIDADE

O ponto de partida utópico é, certo, a socialidade. Campanella não podia ser mais claro: os solarianos "dizem que é preciso levar em consideração primeiro a vida do conjunto, depois a das partes" (*A Cidade do Sol*, p. 38). Tal é a condição utópica da "*Humanitas*", que exclui do utopismo os Robinson Crusoé. A manifestação mais visível disso é a roupa, descrita cuidadosamente e que é a mesma para todos (*U*., p. 478),[40] inclusive os dirigentes (p. 558). Pode-se considerar mais importante e em suma mais anedótico o estatuto da língua, pela qual se vive a união entre os indivíduos: ela é com efeito pensada como expressão mesma da razão, sua materialização imediata, de tal sorte que a compreensão entre os utopianos, perfeita, o é pela razão. Já vimos a importância de que se reveste, na economia geral da *Utopia*, a *Quadra em língua vernácula dos utopianos*. Mas foi sem dúvida no século XVII que isso levou os autores de utopias, como Veiras ou Foigny, à elaboração de verdadeiras gramáticas, com vocabulário, conjugações etc.

O indivíduo em Utopia não pode portanto ser compreendido fora de sua inserção comunitária. Mas isso não significa, pelo menos entre os mestres do gênero, uma anulação da individualidade. E isso vale para cada momento da vida cotidiana. Por exemplo, nas refeições. Não é proibido em Utopia comer sozinho, em casa; mas o fato é que "ninguém tem prazer nisso".[41] E a organização geral (serviço, lugar à mesa etc.) é de acordo com a idade, o sexo, as funções sociais. Na Cidade do Sol, o tipo de trabalho que deve prover a cada um, seu estado geral de saúde, sua idade etc. determinam a qualidade do alimento que lhe convém (*A Cidade do Sol*, p. 17).[42] Nesse ponto o indivíduo é o centro da essência comunitária utópica e os sinais de distinção, as honras para os que as merecem estão por toda parte na cidade perfeita: estátuas nas praças (*U.*, p. 558), coroas e outros adornos florais à mesa ou nas festas públicas (*A Cidade do Sol*, p. 24), inscrição no "livro dos heróis" do nome dos que "fizeram invenções ou desvendaram segredos importantes, (...) que prestaram grandes serviços à comunidade em tempos de guerra ou de paz" (p. 49). É por essa promoção do indivíduo, pensada em utopia simultaneamente como condição e como objetivo, que se deve compreender o estatuto privilegiado da educação. Todas as crianças têm direito a ela e a formação contínua é encorajada (*U.*, p. 510). Na Cidade do Sol, é pela brincadeira, a observação, a prática, a emulação que se instruem as crianças, e a condição social, inteiramente dependente dos conhecimentos adquiridos numa ciência ou num ofício, só é determinada ao final de um processo que coloca cada um em contato com todos os ramos do saber (*A cidade do sol*, pp. 9, 12, 58). O exercício de uma profissão, o trabalho, não é portanto o único objetivo da educação utópica, que visa, de modo bem mais geral, a formar homens. Mas não deixa de ser um de seus objetivos.

É que se o trabalho não ocupa toda a jornada e deixa boa parte do tempo para o lazer, como já vimos, todo mundo deve trabalhar em Utopia, onde não há lugar para os ociosos. Há aí, naturalmente, um não-platonismo fundamental.[43] Os ofícios são variados e, já o dissemos, de acordo com as aptidões e, igualmente, com as necessidades sociais. Cada um "escolhe" a atividade para a qual "se sente atraído", a profissão "que deseja",[44] e "se alguém que já excele em determinado ofício deseja aprender outro, pode fazê-lo..." (*U.*, p. 469).[45] E cada um a seu turno é chamado em Utopia a trabalhar alternativamente na cidade e no campo (pp. 453-454). Nesse ponto, sabe-se que Marx e Engels serão ainda mais radicais: na *Ideologia alemã* eles afirmam que "na sociedade comunista, onde ninguém tem uma esfera de atividade exclusiva mas cada um pode se aperfeiçoar no ramo que lhe agrada, a sociedade regulamenta a produção geral, o que cria para mim a possibilidade de fazer hoje tal coisa, amanhã outra, de caçar de manhã, pescar depois do almoço, cuidar do gado à tarde e praticar a crítica depois do jantar, como melhor me aprouver, sem por isso ter que me tornar caçador, pescador, pastor ou crítico".[46] Em utopia, portanto, todo mundo trabalha, isto é, inclusive os que no Velho Mundo não fazem nada (quase todas as mulheres, os padres e religiosos, os senhores e nobres com seus círculos domésticos, os mendigos etc.) ou nada de útil.[47] Mesmo os dirigentes trabalham, dando o exemplo, embora oficialmente estejam dispensados disso. Só os que comprovaram sua capacidade na dedicação ao estudo não fazem trabalho braçal (pp. 473-477). Vê-se logo que com seis horas de trabalho diário para cada pessoa (quatro na Cidade do Sol) serão produzidos "todos os bens necessários para a manutenção da vida e mesmo para o divertimento" (p. 473), tanto mais que em Utopia, onde "todos os afazeres são bem ordenados" (p. 477), a produtividade do trabalho é a maior possível.

O todo (a cidade) não vale portanto senão pela e para a parte (o indivíduo). Mas a sistematicidade de Utopia exige mediações: distribuição dos habitantes nas cidades, bairros, corporações profissionais etc. A mais importante sem dúvida é a família. É com ela que Morus começa sua "explicação" das formas de vida social (p. 481). Trata-se de uma unidade fundada no casamento, em condições que manifestam, também nesse nível, o cuidado de fazer o todo viver para e pela parte: só com o pleno conhecimento das qualidades e defeitos do outro efetuam-se as escolhas recíprocas dos cônjuges,[48] estando prevista a possibilidade do divórcio.[49] Quanto a este último ponto, a necessidade de existência da família e, portanto, de solidez do laço conjugal faz com que as autoridades só aceitem a dissolução do casamento após cuidadoso exame e quando em desespero de causa (pp. 553-554). Compreende-se isso melhor pelo fato de que a família é também uma unidade econômica, o núcleo da produção agrícola.

A família não existe na *Cidade do Sol*.[50] Nenhuma outra mediação dessa importância a substitui, embora a sistematicidade utópica o fizesse necessário, como vimos. As justificativas de Campanella não são utópicas: ao contrário de Morus, que vê na propriedade privada a fonte radical, última e absoluta das cidades do infortúnio, Campanella considera-a um simples efeito da organização da sociedade em famílias, resultando que o fato de cada um viver "em casa separada com sua mulher e seus filhos faz nascer o egoísmo" (p. 11). A sexualidade dos solarianos também não é utópica. É totalmente determinada pela cidade através dos sacerdotes, que autorizam exclusivamente o que seus horóscopos legitimam (pp. 19-25). É que "a geração é considerada sob o ângulo do bem coletivo, não do bem privado" (p. 23). Por isso, quando "está em questão a raça", os solarianos "não têm o direito de se amar fisicamente". O resultado é que "o mais das vezes não há outro amor entre eles que a amizade. Estão isentos dos ardores da paixão" (p. 24).

O MAL EM UTOPIA

Daí, com ou sem família, parece estar tudo dito: a cidade perfeita aparece como um sistema em que cada um tem seu lugar, respeitada a originalidade própria mas sempre com a perspectiva do bem comum, do qual em última análise é beneficiário o indivíduo. E no entanto existem nela crimes e delitos e, no caso de Utopia, até mesmo no cerne da mediação entre indivíduos e comunidade, isto é, no seio da família (*U.*, pp. 549-558). Com isso, é claro, pensar Utopia simplesmente como sistema social, unidade resultante da integração harmoniosa de suas diferenças, não pode bastar: a contradição está na cidade. Como compreender isso?[51]

O que parece certo antes de tudo é que não se deve ver aí nem um momento da perfeição do conjunto, nem *a fortiori* o que poderia, como motor, dar a perceber o movimento do devir histórico, essencial e sob controle, da cidade perfeita. O mal não tem qualquer função positiva em Utopia e essa é aliás a razão da crítica de Leibniz ao gênero utópico, quando constata que de fato não se encontra aí nenhuma suposição de um mundo perfeito, exatamente porque as utopias rejeitam o mal por princípio, enquanto segundo ele não pode haver perfeição num mundo que não contenha, como certamente convém à harmonia do conjunto, um certo mal.[52] Crimes e delitos são rejeitados em Utopia, que procura eliminá-los porque não têm qualquer positividade. Então, por que existem lá? E mais, por que uma cidade cuja descrição se origina precisamente da crítica às sociedades que os geram estruturalmente não é necessariamente isenta de crimes e delitos?

Chegamos então ao essencial. Utopia é cidade perfeita mas em seu gênero, isto é, na terra, dirigida e organizada por homens. Como dissemos no capítulo 1, Utopia não é cidade Deus sobre a terra, o que significa que nela o mal e o pecado existem essencialmente. A

Redenção, que para o cristão é salvação e perdão no Céu e no seu próprio interior, significa também que Utopia é possível, ou seja, uma cidade terrestre perfeita cujas estruturas excluem o mal e o pecado enquanto tais, isto é, como pura negação, ao mesmo tempo que reconhece sua necessária existência.[53] Aliás, os solarianos de Campanella também não são isentos do pecado, nem mesmo seu padre e chefe supremo, o grande metafísico Sol.[54] Eles se recusam mesmo a crer que "todo o mal vem de Adão" (*A Cidade do Sol*, pp. 57-58). Há nisso razões ontológicas: "Os princípios metafísicos da realidade são o ser, quer dizer Deus, e o nada, que é ausência de ser e condição sem a qual nada se faz, pois não se pode fazer o que é. (...) A busca do nada coincide com o mal e o pecado" (pp. 55-56).[55]

O sentido corrente e pejorativo de utopia como "ideal político ou social sedutor mas irrealizável, no qual não se levam em conta os fatos reais, a natureza do homem e as condições de vida",[56] repousa portanto num importante contra-senso. É por isso que Rousseau não é utopista quando faz da tomada de posse privada a origem do mal,[57] embora de certa maneira pareça mais utopista que *A Utopia* mesma pela importância que, ao contrário, parece reconhecer naquilo que constitui o coração da instituição utopiana, o regime da comunhão de bens. Para ele, no entanto, convém buscar a necessidade do mal num lugar mais profundo, pois que sua origem se encontra de fato naquilo que leva os homens em suas inter-relações a querer apoderar-se de uma parte do bem comum: ou seja, na comparação, conteúdo do olhar que se lançam uns aos outros quando estão reunidos. Mas com isso Rousseau deixa de ser utopista: a cidade fundada por direito no Contrato social tem por efeito transformar a simples posse de fato em propriedade garantida pela Vontade Geral.[58]

Bem ao contrário, a perfeição de Utopia deve-se ao fato de que, embora o mal não seja efeito absoluto das estruturas sociais e econômicas, estas são tais que o extirpam, até onde é possível, à diferença do que se passa por exemplo na Inglaterra, onde elas o multiplicam. Assim, a República dos utopianos, com o comunismo e a abolição da moeda, "fez desaparecer completamente toda a paixão do dinheiro" e com isso "quanta colheita de crimes não se destruiu pela raiz!" (*U.*, p. 626). Morelly não dirá com efeito outra coisa no seu *Código da natureza*, a despeito de uma aparência mais radical, ao estabelecer como primeira das "*Leis fundamentais e sagradas de uma sociedade que cortariam pela raiz os vícios e todos os males da sociedade*" que "nada na sociedade pertencerá singular ou propriamente a ninguém exceto as coisas de que a pessoa faça uso efetivo, seja para suas necessidades, seu prazer ou seu trabalho diário",[59] prevendo ainda "*Leis penais*", conquanto "*tão pouco numerosas quanto as prevaricações...*".[60]

A percepção do mal em Utopia é, de qualquer forma, original e humanista em comparação com a do Velho Mundo, porquanto a punição social que o sanciona de modo privilegiado consiste no trabalho forçado e não na morte.[61] Assim, o modo de exclusão do mal é ao mesmo tempo via de reintegração dos que a ele sucumbiram, pois o trabalho é aquilo por que vive Utopia, aquilo por que é. Os criminosos são necessários à Utopia, conquanto exteriores a sua essência perfeita, assim como o mar entrando na ilha é o porto necessário aos habitantes.

Utopia portanto é, por si mesma, um sistema que permite a assimilação perfeita, na terra, do indivíduo à comunidade. E disso se pode tirar um utopismo da Nação.

NAÇÃO E UNIVERSALISMO

Há aí lugar para um novo utopismo maquiavélico. Segundo a fórmula de R. Naves que introduz sua edição do *Príncipe*,[62] Maquiavel é o profeta de uma "razão da nação italiana vislumbrada numa terra prometida" (p. XVI). O "*Imperio*", objeto do Príncipe, é com efeito inseparável da idéia de Nação, como já afirmam os *Discursos sobre Tito Lívio*: "Um país não pode verdadeiramente unir-se e prosperar senão quando obedece totalmente a um único governante, seja monárquico, seja republicano" (I, 19, p. 67). Na existência nacional manifesta-se uma *virtù* coletiva que torna possível a *virtù* do Príncipe, que é de certa maneira, em contrapartida, a sua expressão. A política, ambição do poder, é também "coisa pública". E isso não é simples justaposição para Maquiavel: com efeito, tome-se num sentido a relação entre o príncipe e o povo e se verá que aquele só pode assegurar seu poder apresentando-se como concreção da socialidade, como representação do mesmo (o poder não deve jamais parecer objetivo de interesse privado); tome-se no outro sentido e ficará logo evidente que essa socialidade só pode contemplar-se a si mesma na majestade do príncipe (no outro, portanto), no qual reconhece seu poder. No entanto, segundo Gramsci, tudo isso supõe a existência de uma "vontade coletiva nacional popular",[63] aliás geradora dos modernos Estados-Nações europeus e que na época não existia nas condições particulares da Itália. O utopismo maquiavélico consiste então, prioritariamente, em colocar uma realidade fora de suas possibilidades de existência.

Mas há ainda aparentemente um outro utopismo com *A Utopia* e, igualmente, com a maior parte das utopias de sua época: a Nação não é pensada aí nas dimensões que tendia a tomar de fato no século XVI.[64] Utopia não pode ser medida, porém, apenas pela superfície da ilha. Há um pensamento da universalização na *Utopia*, sob a forma do federalismo: Utopia é constituída de 54 cidades, "todas vastas e magníficas" (p. 450). E o funcionamento interno de Utopia vale, numa outra escala, para as relações que a Ilha mantém com suas colônias, o que permite pensar, pelas justificativas utópicas da colonização, a possibilidade de uma dinâmica cujo fim seria uma federação terrestre de cidades utópicas e iguais. Da insularidade à universalidade: tal parece ser também, numa perspectiva bem diferente, a mola do utopismo da comunidade epicurista, porquanto a amizade tende a tornar-se aí o princípio de uma sociedade mais ampla, como filantropia universal.[65]

Fundamentalmente, o grau de utopismo de uma cidade ideal se mede primeiro pela característica harmoniosa das relações entre os indivíduos e o todo. É por isso que se podem também considerar utopistas, num sentido diverso dos precedentes, as filosofias da "simpatia universal", como as que proclamam um cosmopolitismo estóico. Zenão de Cício, por volta de 300 a.C., imaginou uma República de vocação universalista habitada por sábios, uma comunidade perfeita que dispensaria leis, educação e religião, onde reinaria a comunhão de mulheres e não haveria moeda. Zenão pretendia estabelecer uma ligação direta entre os indivíduos e o universo, para além de povos e fronteiras, baseada unicamente num programa de união da humanidade. Da cidade estritamente delimitada, mas cuja reiteração tem por horizonte todo o universo, ao ideal de uma cidade diretamente universal há certamente uma grande distância — mas pode haver concordância entre elas. Por exemplo, quando a Cidade do Sol faz eco aos projetos teóricos de monarquia universal de Campanella. Ilha isolada, federação de cidades iguais ou cidade universal, em todos os casos de utopia a integração do indivíduo na comunidade supõe o reconhecimento de sua originalidade.

TOTALITARISMO E ANTIUTOPIAS

As antiutopias recusam ver isso. E, naturalmente, toda a questão é saber o que são numa cidade as relações entre o um e o múltiplo. Assim, na *Política*, Aristóteles critica *A República* e *As Leis* de Platão e em particular o comunismo que ele expõe por terem sido mal pensadas essas relações. Por exemplo, o princípio de Platão segundo o qual "a melhor coisa para uma cidade é ser uma o mais que possa": se isso leva essa cidade a "avançar demais na via da unidade", à custa de sua natureza, que é ser "uma certa forma de multiplicidade", ela perderá sua essência de "cidade", regressando ao estado de família e daí ao de indivíduo (II, 2, 1216a). Uma unificação muito forçada, sem respeitar as mediações, é a negação mesma da unidade a que ela visa. *A Utopia* de Thomas Morus, em todo caso, como vimos, toma bastante cuidado com as mediações. No entanto, foi com a caricatura do seu esquematismo matemático e de sua sistemática valorização do todo sobre a parte que se constituíram as antiutopias. É o caso de *Nós outros* de Zamyatin, do *Admirável mundo novo* de Huxley,[66] de *1984* de Orwell[67] e de *Uma felicidade insustentável* de Levin, que nos propomos aqui a examinar prioritariamente.

A perspectiva geral é dada sem rodeios por Huxley, logo no início do seu romance, com "o lema do Estado mundial: COMUNIDADE, IDENTIDADE, ESTABILIDADE" (p. 29). Da estabilidade visada pela comunidade deriva a necessária estabilidade dos indivíduos que a compõem. Nesse sentido, "o indivíduo só tem poder na medida em que cessa de ser um indivíduo. (...) se consegue se submeter completa e inteiramente, se consegue escapar à sua identidade, se consegue mergulhar no Partido até ser o Partido, é então todo-poderoso e imortal" (*1984*, p. 381). Com isso são legitimados a existência de uma polícia onipresente e de métodos brutais no romance de Orwell e, sem dúvida de forma mais fundamental, o uso de condicionamentos biológicos e psicológicos. *O admirável mundo novo* começa com a visita a uma indústria de bonecos onde são literalmente fabricados os seres humanos segundo as funções que irão desempenhar na sociedade. Segue a descrição dos diversos condicionamentos pavlovianos ou hipnopédicos.[68] Orwell e Levin, como Huxley, detalham as diversas formas de propaganda, em particular suas adaptações aos diferentes setores da sociedade. A originalidade de Orwell, no seu romance e no apêndice "Os princípios da novilíngua", é mostrar a eficácia que pode ter a manipulação da linguagem e sobretudo a redução das palavras e da sintaxe. Esses mundos são os da transparência total, da luz, do olhar absoluto. Na Oceania de *1984*, onde quer que se esteja, "O GRANDE IRMÃO OLHA VOCÊ". Na Cidade de *Nós outros*, as calçadas, as fachadas e divisórias dos prédios são de vidro, porque também aí ninguém deve ter nada a esconder;[69] e naturalmente, nas eleições, nada permite o voto secreto (p. 144).[70]

É verdade que várias utopias, e não das menores, dão mais do que motivo às críticas antiutopistas, como por exemplo *A viagem a Icária*, de E. Cabet (1788-1856), de um matemático exacerbado, uma organização minuciosa dos menores gestos, uma censura severa. Aqui, convém particularmente lembrar a utopia de dom Deschamps (1716-1774), cujo *Verdadeiro sistema* justifica metafisicamente a crítica do princípio da individualização multiplicada, do "sujeito" que é o antípoda de "tudo": a perspectiva é que, vivendo em "tudo", os homens se assemelham não apenas pelos hábitos mas mesmo fisicamente[71]. Mas o fundamental não muda, é que a antiutopia desconecta o funcionamento sistemático da cidade ideal dos princípios a que serve em Morus, e isso em benefício efetivo, embora escondido, de outras motivações. É em última análise a natureza dessas últimas, aliás, que permite compreender o aspecto imediatamente desumano que deve necessariamente assumir nas antiutopias essa caricatura do sistema utópico. Assim, a informatização da vida em *Uma felicidade insustentável* não tem nada de cega: programadores comandam o computador central, fora de todo controle democrático, fora das leis, as quais em Utopia manifestam, como veremos, o exercício do poder pelos próprios utopianos. Quanto aos sistemas perfeitamente integrados dos superestados de *1984*, são em suas similitudes finalizados por uma guerra perpétua que os respectivos dirigentes desejam visando à destruição dos bens e a pobreza que ela acarreta, pois disso resultam a ignorância e a possibilidade de que as castas privilegiadas se mantenham no poder.

A rigor não se pode portanto imputar às utopias a desumanidade das antiutopias e proceder a uma crítica daquelas por citação destas.[72] No entanto, há de fato sistema e esquematismo matemático em Utopia, o que significa para as antiutopias a exclusão necessária do sentimento: a morte acidental de espectadores não comove em nada os trabalhadores de *Nós outros*, pois que o desaparecimento de "dez números dá apenas a centésima milionésima parte da massa do Estado único, praticamente uma insignificância ínfima de terceira ordem" (p. 115). A piedade é ignorância da aritmética e, do mesmo modo, só pode haver sexo sem amor. Esse é o preço da estabilidade individual e, portanto, social: a situação não é mais a de antigamente, quando "os homens eram obrigados a sentir as coisas profundamente. Sentindo-as profundamente (e profundamente, além do mais, na solidão, no desesperado isolamento individual), como podiam ser estáveis?" (*Admirável mundo novo*, p. 87).[73] Por conseguinte, é sempre do amor que provém o "grão de areia" que transtorna o sistema perfeito demais: "Essa mulher tinha sobre mim um efeito tão desagradável quanto uma quantidade irracional e irredutível numa equação", constata com amargura o narrador de *Nós outros* (p. 22). Efetivamente, com o amor e, de forma mais geral, com os sentimentos é possível uma outra espécie de harmonia, de unidade, de comunidade.[74] O projeto de Fourier foi realizar a síntese desses dois tipos de harmonia numa "atração apaixonada" da forma matemática e do conteúdo sentimental.

FOURIER

Charles Fourier critica a "civilização", quer dizer, o mundo do seu tempo, que via como antinatural, um mundo do sofrimento e do absurdo: "Meu objetivo não é *melhorar a civilização*, mas confundi-la e fazer desejar a invenção de um melhor mecanismo social, demonstrando que a ordem social é absurda nas partes e no todo."[75] Esse mundo, fundado "na fantasia dos ociosos e não no bem-estar dos produtores", onde reina a mais extrema pobreza como condição da riqueza de uns poucos, está "do avesso".[76] Sua base é o "sistema comercial" e com ele o "desmembramento industrial".[77] Os lares isolados correspondem a essa divisão social no "sistema conjugal".[78] E em conseqüência a falsidade generalizada das relações, os conflitos multiformes (dos indivíduos entre si e de cada um com a sociedade) fazem a pobre vida dos civilizados. Disso resulta mesmo "a degradação do clima".[79] Enquanto filósofos e economistas não fizeram até então senão piorar a situação ao preconizar a livre concorrência e a repressão das paixões, Fourier propõe seguir "a regra da contramarcha passional ou emprego do mecanismo em sentido inverso, donde nasce a harmonia, como a borboleta nasce da lagarta".[80]

Mas nenhum engano: esse "sistema contrário",[81] como "atração apaixonada", é ao mesmo tempo o verdadeiro sistema. Ele é *o* sistema para Fourier, que pretende estender a nível universal as descobertas físicas de Newton, nele integrando aquilo de que se alimentaria o romantismo, ou seja, a reabilitação das paixões a partir da segunda metade do século XIX, e a renovação do misticismo e do irracionalismo. Trata-se de conciliar os românticos e os clássicos mostrando "que tudo é ao mesmo tempo maravilhoso e matemático na harmonia social como na harmonia do universo".[82] Mas quanto à harmonia social, resta a construí-la pela descoberta humana do mecanismo que lhe é próprio, sabendo que a existência evidente de tal mecanismo na natureza mostra apenas que Deus a pretendeu também para os homens. Assim, estabelecida a ordem societária numa falange experimental, os curiosos poderão "dizer que viram Deus em pessoa e em toda a sua sabedoria".[83] O sistema de Fourier portanto é bem mais que o de Morus: mais que modo de ser da harmonia, é seu princípio enquanto sistema das paixões. O desabrochar total das paixões em sua diversidade, o que constitui a finalidade mesma do homem, só é possível quando elas estão em composição. Para realizar a ordem que convém aos desígnios de Deus, basta na verdade utilizá-las "tais como a natureza as oferece e sem mudar nada".[84] As doze paixões radicais[85] irão então regular-se umas às outras, em vez do constrangimento moralizante da civilização que, com suas repressões e uma espécie de retorno do recalcado fora de hora, só serve para produzir perversidades.[86] Disso nascerão caracteres em conformidade com a natureza, distinguindo-se uns dos outros pelas paixões dominantes,[87] e cuja reunião dará a essência genérica do homem.[88] A harmonia das paixões em cada um estará assegurada quando existir a harmonia coletiva, em que o indivíduo será como "um músico em concerto, obrigado a fazer pausas, acelerar ou ralentar a execução, sacrificando plenamente sua vontade às nobres ordens de que é escravo" e obtendo assim "muito mais prazer do que se estivesse sozinho em seu quarto a fazer variações e arpejos".[89] Dessa forma, cada harmoniense experimentará a paixão do "uniteísmo", a mais elevada paixão humana, como condição e efeito do livre desenvolvimento de suas paixões radicais combinadas.[90] Fourier, então, subverte o princípio do liberalismo, para o qual o interesse coletivo nasce da busca do interesse privado: para Fourier o mais alto prazer individual é social e, se os outros o produzem, ele é também o que os possibilita.

As paixões em que Fourier mais se detém são o paladar e o amor, objeto de zombaria no regime civilizado, mas fundamentos, cada uma à sua maneira, do mecanismo societário: a primeira, "base do edifício",[91] é o princípio motor da produção; a segunda, nas suas duas dimensões, sensual e sentimental, manifesta no mais alto grau a essência mesma do movimento passional, isto é, a superação do eu egoísta face ao gênero humano e mesmo a Deus.[92] A necessária combinação vale, particularmente, para cada uma dessas paixões; assim, de acordo com os diferentes caracteres, todas as formas de amor deverão existir em Harmonia. Quanto à economia societária, sem a qual nada é possível, a combinação para cada trabalhador de trabalhos bem precisos, o que satisfaz o "compósito",[93] efetuados em turnos curtos como o exige o "borboletear",[94] em grupos que podem rivalizar, para favorecer a "cabala",[95] e enfim perfeitamente adaptados ao seu perfil profissional, tornará atraente a produção. Então, mesmo as tarefas repugnantes na civilização, como limpar os esgotos, poderão ser desejadas (no caso, no que concerne às funções repulsivas, por crianças de nove a doze anos, "verdadeiros maníacos da sujeira").[96] Nada disso implica a transformação da natureza humana e a criação de um homem novo: as paixões a serem sistematizadas são as que Deus criou para o homem por toda a eternidade. Mas para que possam se afirmar livremente convém que desapareçam os preconceitos e essa é a linha diretriz da educação harmoniosa.

A liberdade para Fourier não é, porém, acaso, muito ao contrário: sua expansão plena se expressa numa legalidade matemática absoluta. Ele trata, aliás, da "revelação matemática"[97] no início da obra, de forma que Harmonia não é uma quimera: "Tudo parece fantasia nos quadros da associação (...) Não querem ver que essas descrições do novo mundo social estão fundadas em cálculos bem rigorosos."[98] Por isso, tanto a "árvore passional" fundamental como a distribuição das diferentes séries ou grupos[99] ou as regras de distribuição das riquezas segundo o capital, o trabalho e o talento investidos[100] não escapam às determinações matemáticas: "A teoria da associação não é outra coisa senão o cálculo analítico e sintético da atração passional."[101] As matemáticas, no entanto, estão de fato para Fourier sob o domínio da taxionomia, como testemunha o papel fundamental da "série" em harmonia, noção tomada à matemática e à história natural. A ordem matemática é antes de tudo a da classificação, repartição e disposição, em suma a da mediação, numa multiplicação grandiosa do que para Morus competia à família. Todavia, o matematismo de Fourier, a despeito das intenções apregoadas, não é exclusiva nem sequer fundamentalmente científico. Os números de Fourier têm muito de reminiscências ocultistas. Tanto que sua obra pôde ser chamada de "poema matemático", uma vez que Fourier sonhava o mundo num delírio lógico em vez de se curvar a sua ordem verdadeira.[102] Esse mundo de qualquer forma é para ele de essência matemática e isso concerne também a ordem passional.

Assim, Fourier pensa a harmonia no sistema matematizado das paixões e isso ultrapassa o romantismo, que só a vê numa fusão sentimental irracional, mas também a exclusiva sistematicidade matemática que as antiutopias denunciarão. E no entanto essas duas lógicas, a matemática e a passional, são duas ordens que sem dúvida, com todo rigor e em seus sentidos próprios, não é possível identificar. A imaginação que opera na invenção científica não é a mesma que está na origem da invenção poética. Por isso Bachelard tem razão de dizer que "os eixos da poesia e da ciência são, para começar, inversos. Tudo o que a filosofia pode almejar é tornar a poesia e a ciência complementares, uni-las como dois contrários bem acabados".[103] Portanto, é possível a Thomas Morus apresentar sob forma romanceada um verdadeiro pensamento racional e também Fourier, embora em outra modalidade do imaginário, menos utópica, tem o direito de imaginar sua teoria até o delírio. Mas outra coisa é poder afirmar que a ordem do sentimento é, por si mesma, matemática.

Todavia, se examinarmos mais de perto os princípios de Utopia, cuja única justificativa portanto é que são conformes à razão, veremos que sua finalidade é a felicidade, também ela fundada na razão mas que se manifesta no sentimento do verdadeiro prazer. Por outro lado e se bem que fora de qualquer identificação entre a lógica matemática sistemática e a lógica sentimental que uma "atração apaixonada" produziria, isso implica que a via sistemática racional da unidade harmoniosa exprima, à sua maneira, um sentimento geral de "*Humanitas*". Assim, a razão utópica justifica finalmente outra coisa além dela mesma e, em especial, além de sua forma sistemática.[104].

Mas tem muito mais. Um sistema de diferenças como Utopia, que exclui a contradição no próprio ato com que a reconhece e cujo detalhe constitutivo é esquematizado matematicamente, não parece poder ser por si só fonte de movimento, de progresso. Sua forma pode mesmo impedir sua compreensão, como disseram Marx e Engels de modo contundente a propósito do sistema hegeliano.[105] É o que aliás, em sua impossibilidade mesma, expressa à maneira dele o próprio Fourier, cuja obra parece no entanto oferecer o momento último da sistematicidade utopista: "Os cálculos sobre a atração e sobre o movimento social estão todos sujeitos à exceção de um oitavo ou um nono."[106] Isso significa uma contingência radical que autoriza uma perspectiva de melhoria do mundo e da sociedade.[107] Não é todavia a "exceção" que, na essência de Utopia, permite compreender as mudanças, as melhorias e o aproveitamento das contribuições exteriores. Trata-se de um verdadeiro princípio. Devemos dizer que é pelo trabalho dos utopianos que Utopia existe, que a contradição a penetra e dinamiza.

NOTAS

1. *Vocabulaire technique et critique de la philosophie*, PUF., 1968, p. 1.096.

2. R. Trousson tem portanto razão de dizer que "a utopia se mostra pois, em suma, ao mesmo tempo totalitária e humanista. Totalitária não no sentido político atual do termo, mas no de aspiração à síntese, à harmonia: ela se pretende estrutura (...), quer dizer, uma entidade autônoma de dependências internas. Humanista também, na medida em que se pretende criação humana, realizada sem apelo a uma transcendência exterior" (*Voyages aux pays de nulle part*, pp. 24-25).

3. *Discours de la méthode*, texto e comentário por E. Gilson, Vrin, 1987, II, p. 11. Isso posto, F. Alquié mostrou, em *La découverte métaphysique de l'homme chez Descartes*, PUF., 1987, que a verdade metafísica do racionalismo de Descartes não era da ordem do sistema e mesmo destruía o seu espírito.

4. Como diz G. Sfez, para eles o sistema não designa "um todo tal que a ruína de um elemento levaria à ruína do conjunto, mas a ordem pela qual as diferentes estruturas têm sua classificação, seu lugar e seu papel a partir de sua articulação com as estruturas dominantes de um modo de produção" (em G. Labica, com a colaboração de G. Bensussan, *Dictionnaire critique du marxisme*, 2ª ed., p. 1.125).

5. *Socialismo utópico e socialismo científico*, p. 75.

6. *Anti-Dühring*, Editions Sociales, 1963, p. 3.

7. Posfácio à segunda edição alemã do *Capital*, Editions Sociales, ed. de bolso, 1977, pp. 18-19.

8. D. Parrochia mostrou isso em *La raison systématique*, Vrin, 1993: admitindo que a análise morfológica das grandes filosofias faz reconhecer sua sistematicidade, deve-se reconhecer sua necessária matematicidade, pois que pensar é ordenar, distribuir, classificar.

9. Lembremos que Kant designa por "esquematismo" um "processo geral da imaginação para dar a um conceito sua imagem" (*Critique de la raison pure*, p. 152).

10. Como a ilha de Calejava, de Claude Gilbert (*Histoire de Calejava ou de l'Isle des hommes raisonnables*, 1700, reed. Editions d'Histoire Sociale, 1970), a ilha de Naudély, de P. de Lesconvel (1650-1722), em *Idées d'un règne doux et heureux ou les relations du Prince de Monthérand dans l'Isle de Naudély* (1703), Primeira Parte, Caseres, capital da ilha de Naudély, P. Fortané, 1703, e outras.

11. Como a Cidade do Sol (p. 2).

12. Como nas *Voyages et aventures de Jacques Massé* (1710), de Simon Tyssot de Patot (1655-1738).

13. Como em S. de Cyrano de Bergerac.

14. *U.*, p. 461. A descrição da Cidade do Sol é, antes de mais nada, a de suas sete muralhas concêntricas que a tornam inexpugnável. Dá-se o mesmo com a República dos Ajaoiens de Fontenelle: "Pois, como se a natureza tivesse querido preservar os Ajaoiens da convivência e, por conseguinte, da corrupção dos outros povos da terra, colocou-os no meio de rochedos e escolhos que cercam e como que defendem sua Ilha de todos os lados" (*La république des philosophes ou l'histoire des Ajaoiens*, 1682 (?), publicado em 1768, reed. Editions d'Histoire Sociale, 1970, p. 33).

15. Como mostra J. Salem, se a liberdade é para Epicuro "o fruto da autonomia, da auto-suficiência", e esta supõe o exercício da filosofia, supõe também "a prática da amizade, quer dizer, que se constitua como que um *perímetro de segurança* para si mesmo, com cujo exterior as trocas certamente permanecem possíveis mas são medidas ao extremo" (*Tel un dieu parmi les hommes. L'Ethique d'Epicure*, Vrin, 1989, pp. 97-98; ver o cap. IV, pp. 133 e seg.).

16. *U.*, p. 449. Ver, em particular, a "Figura da Ilha de Utopia" da primeira edição (Louvain, 1516), reproduzida à p. 220. A gravura da edição de Basiléia (nov. 1518), que cristianiza as cidades encimando-as com a cruz, não mostra tão bem essa penetração da exterioridade representada pelo mar (p. 333).

17. *Política*, II, 8, 1267b.

18. *Les origines de la pensée grecque*, PUF., 1962; *Mythe et pensée chez les grecs*, Maspéro, 1971, I, pp. 124-129; *Clisthène l'athénien*, Les Belles Lettres, 1964.

19. Essa organização mental já preside, no início do século VI, à cosmologia de Anaximandro: "mesma orientação geométrica (...) em que o centro e a circularidade se encontram valorizados enquanto fundam, entre os diversos elementos em confronto no cosmos natural e humano, relações de caráter simétrico, reversível, igualitário" (J.-P. Vernant, *Mythe et pensée chez les grecs*, I, p. 215). O tempo civil, que regula igualmente a sucessão das 10 tribos territoriais na administração da cidade, assim como o sistema decimal são outros momentos desse pensamento da homogeneidade e da igualdade.

20. Op. c., I, pp. 218-226.

21. *Discours de la méthode*, II, pp. 11-12.

22. Isso leva G. Foigny (1630-1692), em *Les aventures de Jacques Sadeur dans la découverte et le voyage de la Terre Australe* (1676), a dividir seu país ideal em 15.000 suseranias, cada uma com 16 bairros de 25 casas para 16 pessoas cada. Simon Tyssot de Patot desenha de maneira perfeitamente simétrica sua cidade ideal: canais cortam vastos quadrados, cada um ocupado por uma aldeia,

também quadrada etc. P. de Lesconvel chega a colocar o mesmo número de vidraças em todas as janelas.

23. Ver E. Bloch, *Principe Espérance*, II, pp. 306-361; B. Baczko, *Lumières de l'utopie*, pp. 283-399. Pode-se igualmente referir a utilíssima antologia *L'urbanisme, utopies et réalités*, de F. Choay. Mas é lamentável que nela não figure Claude Nicolas Ledoux, cuja Salina de Arc-et-Senans (1775-1779) é no entanto testemunho perfeito do utopismo urbanístico do século XVIII. O projeto de Ledoux era agir sobre o homem através da arquitetura. Na segunda parte de sua vida, veria a Salina como uma simples parte de um todo inacabado que exporia em detalhe em textos e gravuras dados a público em 1804: a Cidade ideal de Chaux, cuja usina devia ser o centro.

24. *Urbanisme*, Crès, 1925, p. 24.

25. Ibid., p. 219.

26. *Plans*, nova série 2, nº 5, julho de 1952, p. 8. O "purismo" (o termo é de A. Ozenfant) é assim uma arte nova que, conservando as inovações revolucionárias do cubismo (perspectivas achatadas, pontos de vista múltiplos, distorções dos objetos comuns), se esforça por submetê-las às regras tradicionais da composição, numa busca de equilíbrio harmonioso, de cores primárias, de formas puras. Ver R. Fishman, *L'utopie urbaine au* XXe s., Architecture+Recherches/Pierre Mardaga, 1979, pp. 142-143.

27. Ver, por exemplo, *Urbanisme*, p. 101.

28. Como em Briey, Firminy, Nantes, Marselha.

29. Le Corbusier é, segundo Mumford, um tecnocrata com sua "clareza e sua elegância cartesiana mas também, ah, sua insensibilidade barroca à época, à mudança, à adaptação orgânica, à adequação funcional, à complexidade ecológica" ("Architecture as a Home for Man", *Architectural Record 143*, fev. 1968, p. 114). Ver também *Technique et civilisation*, Seuil, 1950; *La cité à travers l'histoire*, Seuil, 1964.

30. *Précision sur un état présent de l'architecture et de l'urbanisme*, Paris, 1930, p. 217. E depois, como compreender, por exemplo, a capela de Ronchamp?

31. *La ville radieuse*, Boulogne/Seine, 1935, p. 167.

32. *Vers une perfection géométrique*, Vincent Fréal, 1958, p. 73. "A reta está em toda a história humana, em toda intenção humana, em todo ato humano. (...) A rua sinuosa é o caminho dos burros, a rua direita o caminho dos homens" (*Urbanisme*, p. 10). "Pode-se dizer que o animal humano é como a abelha, um construtor de células geométricas" (ibid., p. 24).

33. Ver *Urbanisme*, pp. 158-166.

34. *Œuvres complètes*, t. III, 1946-1952, Girsberger, Zurique, p. 194.

35. Na mesma perspectiva, "se ocorre que o total de habitantes de uma Cidade ultrapassa o número previsto em lei, o excedente irá preencher os vazios das Cidades utopianas menos povoadas" (*U.*, p. 481). O mesmo princípio está na origem da colonização (p. 482). Cada família do campo não conta menos de quarenta integrantes (mais dois empregados). São agrupadas em unidades de trinta. Todos os anos, em cada família, as vinte pessoas que concluíram sua permanência de dois anos retornam à cidade e são substituídas por um número igual de citadinos (p. 453).

36. V, 458a e seg.; VIII, 546 e seg. A astrologia e a medicina determinam, em Campanella, os parceiros e os momentos de acasalamento (*La Cité du Soleil*, pp. 19 e seg.).

37. Garnier-Flammarion, 1966, pp. 67 e seg. Deve-se ressaltar que sua crítica é feita a partir de um "Reino das aves", lugar de onde se pode moralizar longe do estrépito dos acontecimentos contemporâneos, numa figura portanto utopista. Sabemos que Cyrano, no século XVII, imaginará por sua vez, como procedimento literário de crítica social e filosófica, um reino dos pássaros.

38. P. 27. "Não é evidente que ventura e inveja não passam de numerador e denominador dessa fração que se chama felicidade?" (p. 34).

39. P. 75. "A tabuada de multiplicação é mais sábia, mais absoluta que o velho e bom Deus" (p. 76).

40. Ver *La Cité du Soleil*, pp. 17, 24.

41. "Seria loucura dar-se ao trabalho de preparar em casa uma refeição medíocre quando se pode encontrar pronto um delicado e variado cardápio numa estalagem próxima" (*U.*, p. 489).

42. É por isso que o abade de Thélème, cujo princípio no entanto, como se sabe, é "Faça o que quiser", não é nessa perspectiva, e paradoxalmente, utópico de fato. A passagem é célebre: "Se um ou outro dizia 'Bebamos!', todos bebiam. Se um dizia: 'Joguemos!', todos jogavam; 'Vamos nos divertir no campo!' e todos iam." A identidade dos comportamentos é aí o modo de ser da unidade do conjunto (Rabelais, *Gargantua*, cap. LVII). Ver J.-Y. Pouilloux, "Notas sobre o abade de Thélème", *Romantisme*, I-II-, 1971, pp. 200-204.

43. Segundo J. Moutaux, é mesmo na "generalização da obrigação do trabalho para todos" que reside a diferença essencial entre *A República* de Platão e *A Utopia* de Thomas Morus ("A definição do materialismo e a questão do trabalho", *Revue philosophique* nº 1, 1981).

44. Na Cidade do Sol, "o horóscopo revela as inclinações inatas e (...) a distribuição das tarefas não se faz (...) segundo o princípio de um trabalho que extenue o indivíduo mas que garanta sua conservação" (*La Cité du Soleil*, p. 35).

45. Na Cidade do Sol, "dá-se a maior consideração a quem aprende mais ofícios e melhor os exerce" (pp. 12-13).

46. Editions Sociales, 1976, p. 32.

47. Na Cidade do Sol, "aqueles que desempenham as tarefas mais duras e úteis gozam da maior reputação: por exemplo os ferreiros e os pedreiros" (p. 34).

48. Isso implica o costume de se exporem um ao outro, em total nudez, os futuros cônjuges (*U.*, pp. 550-553).

49. Em caso de adultério, "de hábitos absolutamente insuportáveis de um dos cônjuges" ou ainda, simplesmente, por "incompatibilidade de gênios" (p. 553).

50. Ver, por exemplo, p. 26 de *A Cidade do Sol*, onde Campanella faz da comunhão de mulheres um critério filosófico.

51. H. Védrine expõe isso de forma eloqüente: "Não se compreende como pode nascer o desvio em Utopia, enquanto em Maquiavel ele se inscreve nas peripécias da luta, da injustiças e das desigualdades? Insolúvel problema do mal voluntário numa sociedade que o exclui" (*Les grandes conceptions de l'imaginaire*, p. 59).

52. "É verdade que se podem imaginar mundos possíveis sem pecado e sem infelicidade e fazer com eles romances, utopias, Sévarambes; mas esses mesmos mundos seriam ademais muito inferiores ao nosso em bem. (...) Sabemos, além disso, que muitas vezes um mal causa um bem, ao qual não se teria chegado sem esse mal" (*Ensaios de Teodicéia*, I, 10, p. 109). Com efeito, no geral a perfeição de um conjunto, modo ou sociedade não pode ser obtida pela simples adição de partes em si mesmas perfeitas: a compatibilidade das essências exige isso. É por isso que "a desordem numa parte pode se conciliar com a harmonia do todo" (*De la production originelle des choses prise à sa racine*, em *Opuscules choisis*, Vrin, 1969, p. 91). É difícil compreender, assim, por que J.-J. Wunenburger fala da "cidade utópica de Leibniz" e isso precisamente com base na definição da situação do mal na "república bem organizada" (*L'utopie ou la crise de l'imaginaire*, pp. 147-149).

53. Não há nenhuma dúvida de que "o interesse pessoal de cada um e a autoridade do Cristo, nosso Salvador (...) já teriam desde muito e com grande facilidade levado o mundo inteiro a adotar as leis desta República, não fosse a resistência que opõe um só e único monstro, esse chefe e pai de todos os flagelos: o orgulho" (*U.*, p. 629).

54. *La Cité du Soleil*, pp. 46-47.

55. Pp. 55-56. "Pecar portanto é ato de Deus, na medida em que esse ato possui ser e eficiência, mas na medida em que exprime o não-ser e a deficiência, que é a essência mesma do pecado, é criação do homem, que se inclina para o não-ser e a desordem" (p. 56). T. Molnar portanto não tem certamente razão de começar o primeiro capítulo de sua *Utopie, éternelle hérésie* (Beauchesne, 1973), capítulo que intitula "Libertação do pecado", dizendo que "aquele a quem é permitido entrar no reino da Utopia deve ser fundamentalmente diferente do homem pré-utópico" (p. 41).

56. A. Lalande, *Vocabulaire technique et critique de la philosophie*, p. 1179. É conhecida a crítica de Spinoza aos filósofos que "concebem os homens (...) não como eles são mas como gostariam que fossem (...); o sistema político que eles concebem deve ser tido como uma quimera ou sistema que se poderia estabelecer num país de Utopia" (*Traité politique*, Vrin, 1968, p. 31). Assim, o personagem Morus não compreendeu bem o sentido do empreendimento utópico ao dizer que "sendo impossível que tudo vá bem sem que todos sejam bons, não espero ver esse ideal realizado antes de muitos anos" (*U.*, p. 433).

57. "O primeiro que ao cercar um terreno lembrou-se de dizer *isto é meu* e encontrou gente simples o bastante para acreditar foi o verdadeiro fundador da sociedade civil. Quantos crimes, guerras, assassinatos, misérias e horrores não teria poupado ao gênero humano quem afastasse os crédulos ou, tomando uma decisão, gritasse a seus semelhantes: Não escutem esse impostor; vocês estão perdidos se esquecerem que os frutos são para todos e que a Terra não é de ninguém..." (*Discours sur l'origine de l'inégalité parmi les hommes*, em *Œuvres complètes*, III, Gallimard-Pléiade, 1964, p. 164).

58. Cap. VIII-IX, ibid., pp. 364-367.

59. Pp. 127-128. Em *Naufrage des Isles flottantes, ou Basiliade du célèbre Pilpaï* (1753), romance que corresponde mais imediatamente às leis do gênero literário utópico, descreve-se uma ilha na qual é desconhecida "a impiedosa proprie-

dade, mãe de todos os crimes que inundam o resto do mundo" (t. I, pp. 5-6; ver também p. 205).

60. Pp. 152 e seg. O editor das *Voyages imaginaires* (Amsterdã, publicadas por Charles Garnier, 1787) compreende bem isso ao apresentar assim a obra de Veiras d'Alais: "O objetivo do autor é nos descrever nos Sévarambes um povo de sábios; não que tenha imaginado homens diferentes dos outros, desprovidos de paixões. A natureza humana não fez nada de particular para os sévarambes: eles nasceram com o germe de todos os vícios que trazemos ao mundo; mas esse germe, sufocado desde o nascimento pela sábia disposição das leis, não consegue enraizar-se no coração desses povos. É portanto à forma de governo dos sévarambes que eles devem suas virtudes" (pp. VII-VIII).

61. De acordo com a doutrina do Livro 1 da *U.* (pp. 398 e seg.; p. 546; p. 554).

62. *Le prince*, Garnier, 1968.

63. *Cahiers de prison, 8*, p. 270. "O caráter fundamental do *Príncipe* reside justamente no fato de que não se trata de um tratado sistemático mas de um livro 'vivo' no qual a ideologia se torna 'mito', 'imagem' fantástica e artística entre a utopia e a exposição escolástica na qual o elemento doutrinal e racional se encarna num *condottiere* que representa plasticamente e 'antropomorficamente' o símbolo da 'vontade coletiva'" (p. 268).

64. Não será o caso da Nova Atlântida de Francis Bacon, onze vezes mais vasta que Utopia, com uma superfície equivalente a sessenta por cento do território europeu.

65. Ver J. Salem, *Tel un dieu parmi les hommes*, pp. 157 e seg.

66. Ver também *Retorno ao admirável mundo novo (Retour au Meilleur des Mondes*, ed. Plon e Presses Pocket, 1958).

67. Ver também *A revolução dos bichos* (1945) (*La ferme des animaux*, Folio, 1983).

68. A hipnopédia é a aprendizagem durante o sono, baseada no poder da sugestão.

69. Cada um, em seu apartamento, "suporia estar cercado de espelhos: vejo através das paredes outros eus, com meu quarto, minhas roupas, meus movimentos repetidos mil vezes. Isso faz bem à gente, vemos que somos parte de uma unidade imensa e poderosa" (p. 44).

70. A *Panóptica* de Bentham (1748-1832) não é uma antiutopia. No entanto, o princípio do olhar rege o plano que ele concebe de uma cidade disciplinar na qual a vigilância deve ser absoluta: não somente os prisioneiros, recolhidos a um edifício circular, serão visíveis (o que não quer dizer efetivamente vistos, mas eles não podem saber disso...) pelos guardas postados numa torre no centro da prisão, como os próprios inspetores subalternos poderão ser vigiados permanentemente pelo inspetor-chefe. Apresentando a reedição da obra (*Le Panoptique*, Belfond, 1977), R. Maggiori tem razão de assinalar "a continuidade impressionante" que há "entre o projeto do Bentham filósofo (desestimular todo prazer inútil para a 'maior felicidade do maior número' de homens) e o projeto do Bentham empresário (...): eliminar os não-úteis. Traduzindo: eliminar os gestos inúteis, quadricular o espaço, reduzir a zero o tempo de descanso absoluto, organizar o tempo, vigiar os desvios..." (*La philosophie au jour le jour*, Flammarion, 1994).

71. Não se pode certamente negar que *A Utopia* propõe às vezes formulações que podem fazer duvidar disso. É o caso, por exemplo, quando Rafael constata que na cidade ideal, "exposta sem cesar aos olhos de todos, cada um se vê na necessidade de entregar-se, seja ao labor habitual, seja a lazeres que não têm nada de imoral" (p. 497). Isso é expressamente dito e não podemos fingir ignorá-lo. Mas convém pelo menos, por um lado, lembrar o clima de plena liberdade e de desenvolvimento individual em que se efetuam a escolha e a prática dos ofícios entre os utopianos; por outro lado, quando virmos o que significa "imoralidade" entre eles, será fácil constatar que o sentido da fórmula não pode absolutamente exceder uma certa pudicícia (Rafael acabara de fazer referência a tabernas, cabarés, lupanares e outros lugares de deboche).

72. É o que por vezes tende a fazer, no entanto, R. Trousson, por exemplo nas *Voyages aux pays de nulle part*, pp. 22-25, ou, de forma bem mais geral, R. Ruyer na primeira parte de *L'utopie et les utopies*.

73. *A Eva futura*, de Villiers de L'Isle-Adam (1886), Garnier-Flammarion, 1992, havia lançado a perspectiva, talvez ainda mais aterradora, de um "amor científico".

74. O narrador, cabeça nos joelhos de I, sente-se desaparecendo nela e mesmo se fundindo ao universo inteiro (p. 138). Autores como Buber, Rosenzweig, Scholem, Benjamin, Landauer e o jovem Bloch, em suas próprias perspectivas, têm os olhos fixos numa comunidade cuja harmonia seria assim fusional, sentimental e não racional.

75. *Théorie des quatre mouvements*, t. I, p. 263.

76. *Le nouveau monde industriel et sociétaire*, t. 6, p. 33.

77. "Indústria" designa em geral para Fourier o conjunto das operações de produção e de circulação. A noção de "desmembramento" remete, fundamentalmente, à concorrência. C. Morilhat mostra com razão que Fourier, ao construí-la sobretudo a partir das formas de vida camponesa, "não vê que, à sua maneira, a sociedade burguesa se afirma contra o desmembramento, que o capital se desenvolve realizando a combinação, a associação dos produtores sob seu comando" (op. c., p. 64).

78. O casamento exclusivo é para Fourier o lugar mesmo da infelicidade, por ser o lugar onde ocorre o maior constrangimento à livre manifestação das paixões: "O casamento não apresenta uma única chance de felicidade que os dois cônjuges não possam encontrar em situação de plena liberdade" (*Théorie des quatre mouvements*, t. I, pp. 112-113). É sobretudo o lugar em que a escravidão das mulheres é dobrada. Sabe-se que Marx e Engels retomarão no essencial (ver, por exemplo, *Socialisme utopique et socialisme scientifique*, p. 70, e *La sainte famille*, pp. 230-231) a célebre fórmula de Fourier: "Os progressos sociais e mudanças de época se operam em razão do progresso das mulheres rumo à liberdade; e as decadências de ordem social se operam em razão da diminuição da liberdade das mulheres" (*Théorie des quatre mouvements*, t. I, p. 132).

79. "A indústria desordenada destrói as florestas, esgota os mananciais, provoca furacões e todos os excessos atmosféricos" (*Le nouveau monde industriel et sociétaire*, t. 6, p. 35).

80. *Le nouveau monde amoureux*, t. 7, p. 270.

81. Ibid., p. 284.

82. *Théorie de l'unité universelle*, t. 2, segunda parte, p. 58.

83. *Théorie de l'unité universelle*, t. 4, p. 475.
84. *Théorie de l'unité universelle*, t. 5, p. 157.
85. São elas: o paladar, a visão, a audição, o olfato, o tato, *paixões sensitivas*; a amizade, a ambição, o amor, a família, *paixões cardeais*; a maquinação (cabala), a volubilidade (borboletear) e a composição (compósito), *paixões distributivas ou mecanizantes*.
86. Quando "não se permite uma expressão direta da paixão (...), ela busca seu objetivo por uma via indireta, que é a da falsidade, do vício e do crime: a via recorrente" (*La fausse industrie*, t. 9, p. 562).
87. São 810 tipos de caráter "plenos", aos quais se acrescentam 405 "semitipos".
88. "Quanto à matéria, o homem se reduz portanto a dois corpos, macho e fêmea, e um casal tomado ao acaso é o tipo completo do homem material... Não se dá o mesmo quanto ao homem passional, que é composto de 810 almas ou caracteres" (*Le nouveau monde amoureux*, t. 7, p. 458).
89. *Le nouveau monde amoureux*, t. 7, p. 314. Ver também pp. 313-314.
90. Como "paixão axial", "o Uniteísmo (...) está para as outras doze como o branco está para as cores do prisma" (*Le nouveau monde industriel et sociétaire*, t. 6, p. 51).
91. *Le nouveau monde industriel et sociétaire*, t. 6, p. 259.
92. "Não é na embriaguez do amor que o homem se eleva aos céus e se identifica com Deus?" (*Le nouveau monde amoureux*, t. 2, p. 51).
93. Paixão da exaltação, que leva o trabalhador a escolher certas tarefas especializadas, que domina e que fará bem. Não se trata aqui absolutamente, é claro, de uma apologia da divisão industrial do trabalho, como prova a necessidade dos "turnos curtos".
94. Ou volubilidade, que faz experimentar prazer na mudança.
95. Paixão da intriga.
96. *Théorie de l'unité universelle*, t. 5, p. 157.
97. *La fausse industrie*, t. 9, p. 457.
98. *Théorie de l'unité universelle*, t. 2, p. 173.
99. "A teoria das séries apaixonadas (...) não é imaginada arbitrariamente como nossas teorias sociais. A ordenação dessas séries é em todos os pontos análoga à das séries geométricas" (*Théorie des quatre mouvements*, t. I, p. 8).
100. Assim Fourier calcula que cinco doze avos dos produtos caberão ao trabalho, quatro ao capital acionário e três aos conhecimentos teóricos e práticos.
101. *Théorie de l'unité universelle*, t. 3, p. 64. O amor evidentemente não escapa aos cálculos e, com as "quadrilhas ou orquestras de amor", "as trocas se sucedem em todos os sentidos como as figura na contradança teatral" (*Le nouveau monde amoureux*, t. 7, p. 322).
102. Ver S. Debout, "L'analogie ou 'Le poème mathématique' de Charles Fourier", em *Revue Internationale de Philosophie*, nº 60, 1962.
103. "Deve-se portanto opor ao espírito poético expansivo o espírito científico taciturno, para o qual a antipatia prévia é uma precaução sadia" (*La psychanalyse du feu*, Idées-Gallimard, 1972, p. 10).
104. A crítica materialista da forma sistemática não deve perder de vista, segundo Marx e Engels, os conteúdos dos sistemas, quer sejam utópicos ou

filosóficos. Se considerarmos, falando de forma geral, que "o verdadeiro conteúdo de todos os sistemas que fizeram época são as necessidades do período em que surgiram (...), não há grande coisa a tirar da fórmula segundo a qual todos os sistemas são de natureza dogmática e ditatorial" (*A ideologia alemã*, p. 470). Por exemplo, não basta para quem quer julgar a obra de Cabet limitar-se à mera forma sistemática de sua *Voyage en Icarie*; convém também examinar esse autor "por seus escritos polêmicos e, de uma maneira geral, segundo toda a sua atividade como chefe de partido" (ibid.).

105. Assim, em análises bem conhecidas, F. Engels mostra que o idealismo de Hegel deve-se a seu "sistema" e não a seu "método", "dialético, que dissolve tudo o que é dogmático" (*Ludwig Feuerbach*, Editions Sociales, 1966, p. 16).

106. *Théorie des quatre mouvements*, t. I, p. 28.

107. Como ressalta com razão C. Morilhat, op. c., p. 85.

6. OS PRINCÍPIOS DA HARMONIA

A FELICIDADE PELO PRAZER E A *HUMANITAS*

O primeiro princípio em Utopia, como "bem supremo", é a felicidade, da qual o prazer é "fonte única ou principal".[1] "Entretanto, [os utopianos] não acham que a felicidade consiste em qualquer prazer, mas no prazer bom e honesto", que é o de "todo movimento ou todo estado do corpo ou da alma no qual o homem, seguindo as diretivas da natureza, experimenta uma fruição". Essa referência às "diretivas da natureza" exige o controle da "reta razão", de sorte que seja perseguido o que é realmente "agradável por natureza" e não o que a "ilusão" poderia dotar de "uma doçura estranha à natureza", e nos lugares de "deleitação autênticos e verdadeiros". A "virtude", nesse sentido, é "viver de acordo com a natureza", "virtude à qual a escola oposta atribui exclusivamente a felicidade".[2]

Assim os vícios são de antemão "falsos prazeres" cuja prática não produz de fato nada de agradável e que só uma "sedução perversa" pode levar a procurar. Isso condena a vaidade, a tolice das honras, o orgulho da nobreza e ainda os jogos de dados e a caça. Todos os verdadeiros prazeres não são, entretanto, equivalentes. "A felicidade da existência" reside fundamentalmente na "liberdade da alma e cultura do espírito", o que faz privilegiar "as atividades intelectuais e a fruição particular engendrada pela contemplação do verdadeiro",[3] às quais é de imediato ligada "a memória agradável de uma vida virtuosa". "Dentre os prazeres que busca o corpo, triunfa para eles a saúde", à qual subordinam todos os outros gozos, definindo-se a saúde como "estado de tranqüilidade e de equilíbrio do corpo". Por isso "os doentes (...) são tratados com muito afeto".[4] E por isso, quando não há mais esperança de cura e os sofrimentos são insuportáveis, não só entendem como aconselham a morte voluntária.[5] A boa saúde não implica nenhum ascetismo, bem ao contrário: as refeições, por exemplo, transcorrem com música, envolvidas em perfumes de essências agradáveis, com diversos manjares de sobremesa, de sorte que "nada é poupado para o gozo dos convivas".[6] "Tais são as idéias desse povo no tocante à virtude e ao prazer (...) crêem firmemente que a razão humana não pode descobrir uma doutrina mais verdadeira."

O hedonismo utópico é epicurista? Música, perfume etc. não estão decerto entre os prazeres naturais e necessários que Epicuro considera condição da ataraxia. No entanto, são bem epicuristas a busca da "tranqüilidade" do corpo num prazer estável (catastemático) e a crítica dos prazeres em movimento que preconizavam os cirenaicos.[7] Mais precisamente epicurista é a doutrina segundo a qual "a ausência total de dor em alguém que não goza de boa saúde não é chamada prazer mas torpor"[8] ou ainda a de que "um gozo de menor qualidade não deve ser obstáculo a um prazer superior; um prazer não deve jamais provocar dor".[9] Ao concluir sua descrição de Utopia, Rafael pergunta se "pode haver maior riqueza que viver o espírito completamente livre de toda preocupação e a alma repleta de alegria e serenidade", o que evoca de forma evidente o começo da *Carta a Meneceu*. Todavia, o que justifica essa serenidade não é muito epicurista: são considerações políticas, econômicas e sociais, celeiros cheios, riqueza, condições de trabalho e aposentadoria etc.[10]

Além disso, os utopianos não parecem nada epicuristas quando se trata de fundar sua moral: "Jamais, com efeito, eles discutem a felicidade sem unir à filosofia, que utiliza o raciocínio, princípios tirados da religião e sem os quais, em toda busca da verdadeira felicidade, a razão abandonada a si mesma lhes parece manca e deficiente." Lembremos, claro, que esta última tese lhes vem da razão mesma. Isso posto, "pensam que a razão leva a (...) admitir e a (...) crer" nos princípios de uma alma imortal e de recompensas e sanções no além. Alguém poderia ser tentado a ver nesse posicionamento da moral uma pura preocupação retórica: a necessidade de princípios religiosos é justificada pelo fato de que em sua ausência se cuidaria, na busca da felicidade, "apenas de afastar um prazer menor que seria obstáculo a um maior e de evitar os que em troca provocam sofrimentos", uma vez que a razão tem por regra autônoma, como acabamos de ver, que "um gozo de menor qualidade não deve ser obstáculo a um prazer superior; um prazer não deve jamais provocar dor..." (p. 537). É verdade que Morus faz uma ressalva a isso: "... a menos que se desprezem essas vantagens para si mesmo com vistas a se dedicar com mais ardor ao serviço do próximo ou do bem público e que em troca do sacrifício se espere receber de Deus um gozo maior". Mas, de um lado, para os utopianos o "serviço do próximo ou do bem público" é, *por si mesmo*, fonte de prazer, assunto que retomaremos num instante; de outro lado, não é a mesma coisa apelar ao além para dar finalidade a um comportamento terrestre e enunciar entre parênteses uma compensação possível após a morte como exceção que não deve invalidar a regra. Acontece que Morus é, com toda evidência, sinceramente cristão. E entre os "verdadeiros prazeres" que mencionamos há pouco está também "a firme esperança de bens futuros". Já dissemos que sua própria ortodoxia é que torna possível Utopia, cidade terrestre governada por homens. De fato, a ética parece ser o lugar privilegiado para o aparecimento de contradições induzidas pelos pressupostos de Utopia: os utopianos são da terra mas sua vida não termina com a morte terrestre, o que envolve os princípios de suas virtudes.

A virtude está no prazer. Mas em Utopia o serviço prestado a outrem é também fonte apropriada de gozo, devido à "comunidade natural" que une os homens. Não deve haver equívoco, porém: essa comunidade implica, em troca, que se conceda a si mesmo o que se julga correto conceder aos outros; não é natural, portanto, mortificar-se e desprezar o próprio corpo. Essa teoria do prazer relacionada à "comunidade natural" dos homens, tem portanto dois princípios. De um lado, seu único limite natural é que não se busque prazer em detrimento dos prazeres do outro; essa é a moldura geral, pela qual o sacrifício de si não pode ser jamais um fim em si. De outro lado, "se a pessoa se priva de alguma coisa para doá-la a outrem", não apenas cumpre um dever de humanidade e de bondade como, "ao mesmo tempo, a consciência de ter agido bem e a lembrança do amor e da benevolência daqueles que favoreceu dão mais prazer à alma do que teria obtido o corpo com aquilo de que se absteve".[11] Os butrescos, que dedicam a vida ao serviço do próximo, são assim religiosos bem diferentes dos monges mendicantes e outros ascetas inúteis do Velho Mundo. Tal é o conteúdo da "*Humanitas*", com o que se designa que "o homem é para o homem salvação e consolação". Assim compreendida, a felicidade não é apenas "Bem supremo". É também, de forma mais geral, laço social pelo qual a harmonia utópica existe: "Toda a ilha forma uma única e mesma família" e isso relativiza a função atribuída pela utopia ao sistema e ao matematismo de seu esquema.

O essencial é que a felicidade visada em Utopia é a felicidade dos utopianos. A perspectiva não é portanto a da *República*, cujo objeto é a felicidade da cidade enquanto tal.[12] Segundo Platão, é exatamente porque a felicidade da cidade não é a simples soma das felicidades individuais que cada um pode encontrar nela a condição de seu verdadeiro bem. Com *A Utopia* trata-se de outra coisa. A felicidade, que se obtém seguindo-se as "diretivas da natureza", é um direito natural,[13] direito que a razão faz relacionar, em última análise, a Deus: "Deus, por pura bondade, fez nascer [a alma] para a felicidade." Faz-se aí eco às conhecidas doutrinas de Morus, em primeiro lugar as de Aristóteles e dos estóicos. Diógenes Laércio conta que "Zenão foi o primeiro, no seu livro sobre a Natureza humana, a dizer que o fim supremo era viver conforme à natureza porque isso é viver de acordo com a virtude, pois a natureza nos leva à virtude" (*Vida dos filósofos ilustres*, VII, 84-89). E Cícero insiste no fato de que, contrariamente a seus predecessores, "Zenão (...) colocava todas as virtudes na razão" (*Novos acadêmicos*, I). Essas posições morais fundam os laços entre os homens: segundo os estóicos, "assim como nos servimos de nossos membros antes de ter aprendido qual podia ser sua utilidade, é igualmente pela natureza que nos unimos e associamos para formar uma comunidade civil" (Cícero, *De finibus*, III, 20, 66). Numa outra perspectiva, lembremos a *Philia* aristotélica, fundada na natureza, que leva "o homem a sentir sempre afinidade e amizade pelo homem".[14]

A arte política utópica, nessas condições, consiste em criar instituições que permitam à natureza fazer valer seus direitos. Já vimos que deixar as coisas correrem espontânea, "naturalmente", produz o contrário: as cidades existentes, mal ordenadas, são selvagens e brutais. A felicidade do homem exige a lei do homem. À exigência racional da felicidade deve pois corresponder a universalidade da forma legal, de tal sorte que o sistema utópico responda a uma vontade humana fundadora.

AS LEIS

As primeiras leis, de origem humana (Utopus), são as que fazem com que Utopia seja governada por homens. Por elas existe um Senado, composto de representantes das cidades e que se reúne todos os anos para regular os negócios comuns da ilha. Cada cidade federada elege anualmente seus próprios dirigentes, à proporção de um para cada grupo de trinta famílias, e esses por sua vez escolhem, em votação secreta, entre os quatro candidatos apresentados pelos quatro bairros da cidade, aquele que por toda a vida os governará. O Governador preside o Senado da cidade, que se reúne a cada três dias (ou com maior freqüência se necessário) e do qual fazem parte os dirigentes que, na proporção de um para dez, têm por função dirigir seus colegas. Foram instituídas leis especiais para que não seja fácil ao Governador ou aos dirigentes "conspirar, oprimir o povo pela tirania".[15] Tal é o quadro institucional em que se tomam as decisões em Utopia, as quais por sua vez têm a forma de leis: "Tomar decisões concernentes a assuntos de interesse público fora do Senado ou das assembléias do povo é considerado crime capital."[16]

Há lugar aí para um novo não-platonismo. Não se deve ao fato de que Platão excluiria as leis de sua filosofia política. Certo, ele diz várias vezes na *República* que não pretende detalhar a legislação ideal que conviria à cidade ideal (por exemplo em 403d-e ou em 408c). Primeiro porque seu objetivo não é apresentar uma cidade realizada nas mínimas maneiras de ser; depois e mais fundamentalmente porque, se o Bem e o Justo são absolutos, suas manifestações no Devir só podem ser relativas às ocorrências variáveis deste, sendo portanto impossível deduzir leis *a priori* em detalhes. A *Política* faz a teoria disso: as leis, escritas ou não, não são apenas inúteis, mas nocivas. "A lei jamais poderia compreender com precisão o que é melhor e mais justo para todos os membros da cidade ao mesmo tempo, prescrevendo assim a melhor conduta para cada um. (...) Não é portanto impossível que uma regra invariável a qualquer tempo seja apropriada a coisas que jamais o são?" (294) O bom governo será assim o de homens que "dão ao poder da arte supremacia sobre as leis" (297a). A "ciência do comando" (*epitaktiké techné*) do rei-filósofo deve ser, por conseguinte, fundada na "ciência da discriminação" (*kritiké techné*) que permite saber a "Justa Medida" (*metrion*) que todo homem de arte deve ter em seu domínio. O

Devir, enquanto tal, por seu caráter indefinido, existe mas não é o Ser; e a "Justa Medida" permite, por suas determinações, o acabamento que define o Ser. É assim que a "arte real" permite, na inconstância do Devir, a apreensão do "instante oportuno" (*kairos*), fora de toda perspectiva sofista relativista.

Mas infelizmente, "a considerar pelo menos o curso efetivo das coisas", os verdadeiros reis não aparecem nas cidades como a abelha real numa colméia, imediatamente reconhecível por suas qualidades (301de). A tirania, o arbítrio são portanto o horizonte de um Devir político abandonado a si mesmo. Em conseqüência, são necessárias leis, "boas leis" que imitem da melhor forma a verdadeira constituição (293e), como salvaguarda contra os governos imperfeitos (297e, 300bc, 301a). *As leis* tiram a conclusão política dessa situação de fato. Trata-se de fundar um Estado de "segunda classe" que se esforce em reproduzir na legislação o modelo traçado pela *República*, mesmo quando não estão reunidas as condições para sua realização (os reis-filósofos, o apoio popular).[17] São com efeito possíveis boas e más imitações. O que Platão chama de "terceira constituição" não passa de uma longínqua imitação da cidade filosófica, que empresta suas leis às cidades empíricas, não consistindo pois senão numa representação distante e muito parcial do que é verdadeiramente uma cidade.

Já o Legislador da "segunda constituição" busca o todo e procede racionalmente. Isso abre espaço para um utopismo da sistematicidade, que Platão exprime primeiro com uma estruturação matemática: por exemplo, o território seria dividido em 5.040 lotes, com base nas notáveis propriedades de divisibilidade desse número. Assim, se a "comunhão de mulheres, comunhão de filhos, comunhão de todos os bens sem exceção" — da mesma forma que "de uma maneira ou de outra se torna comum mesmo o que é pessoal a cada um de nós, como por exemplo nossos olhos, ouvidos e mãos parecem ver, ouvir e fazer alguma coisa comum a todos" (v, 739) — só são realizáveis por deuses numa cidade de primeira classe, convém pelo menos que numa segunda classe o interesse público supere a vontade arbitrária do indivíduo (ix, 923ab). Conseqüentemente, a educação das meninas e dos meninos é obrigatória e controlada pelo Estado (vii, 804d e seg., 813c e seg.), as uniões são reguladas pela lei (iv, 720e e seg.), o número de habitantes deve ser estritamente mantido (v, 740c e seg.), a riqueza limitada entre dois extremos (v, 741c e seg.) etc. A tarefa dos dirigentes em geral, dos

"Guardiães da Lei", que não são necessariamente filósofos, é preservar contra toda inovação uma constituição de que não são autores (por exemplo, I, 632; IV, 421; VI, 722). "Importa antes de tudo que as leis sejam estáveis" (VII, 797a), o que em particular leva a um combate contra a impiedade como fator de dissolução social (X) e produz uma poesia de Estado, da qual o próprio texto das *Leis* é apresentado como modelo (em especial, II e VII). Assim, *As leis* são de um lado pensadas como efeito de um realismo político, contra um primeiro utopismo portanto, mas de outro oferecem como que a caricatura do que pode produzir a razão sistemática utópica.

Com *A Utopia* a perspectiva é completamente diferente. As leis não são nem o pior possível, tornado necessário pela empiricidade, nem simplesmente o meio de pensar corretamente a realização possível da cidade justa, como são as leis que instituem o governo dos filósofos na *República*. São a essência e a existência mesmas da cidade perfeita, cujo único lugar é o sensível. Além disso, nesse quadro, sua perfeição própria se deve primeiro ao fato de que são a base do governo dos utópicos por si mesmos, as decisões tomadas pelos dirigentes eleitos sendo as de toda a comunidade. Não é pois por motivos platônicos que Morus, como Platão, imagina a cidade prefeita com poucas leis. Para Utopia não se trata, em suma, de adaptar a Idéia à existência, mas de mudar a existência. O que significa instituir um pequeno número de leis para substituir, com a unidade e a identidade que caracterizam necessariamente "a forma perfeita da comunidade política", a multiplicidade de leis que exprimem uma essência instável, realidade autodestrutiva pela dispersão e diversidade sem limites. Isso posto, o fato de que as leis sejam boas, verdadeiras, não anula o caráter mutável e perpetuamente cambiante da realidade: ao contrário, o ordena. É por isso que em Utopia a lei tem por função primeira permitir que as decisões humanas se adaptem à diversidade das situações, o que exige "*prudência*". Assim, a maioria das penas judiciais não é prevista por lei: "Cabe ao Senado determinar em cada caso o castigo mais adequado para a perversidade maior ou menor do delito." Poderíamos dizer, portanto, que Morus está mais próximo de Aristóteles que de Platão. P. Aubenque mostrou com efeito que, para Aristóteles, é porque o mundo da cidade dos homens, mundo sublunar, possui sua perfeição própria, diferente da do mundo supralunar, que os políticos responsáveis devem, se têm por objetivo "a constituição excelente", de um lado saber instituir as leis que convêm em cada caso a um devir inconstante, contingente e inacabado (fora de todo dogmatismo platônico portanto) e, de outro, exercer sua *phronesis* em todas as diversas ocasiões.[18] Mas o primeiro termo não é utopista em sua dimensão constitucional: as leis que fundam a essência e a existência de Utopia não são adaptadas às circunstâncias; elas valem absolutamente, como expressão perfeita da realidade terrestre. E é por isso, aliás, que é proibido aos dirigentes "mudar a forma de governo". A história ordenada e humana, em Utopia, é a esse preço.

Há portanto leis em Utopia e elas exprimem a vontade humana coletiva, como testemunham os múltiplos procedimentos de concertação e de exame comum. Assim, "todas as deliberações importantes são comunicadas às assembléias dos sifograntes que, depois de expô-las às famílias que representam, debatem primeiro entre si e depois dão seu parecer ao Senado".[19] Isso significa primeiro que a cidade perfeita não é uma máquina que funciona sozinha. Saint-Simon, por conseguinte, não é utopista, uma vez que estabelece como ideal para a sociedade de seu tempo substituir a "ação governamental" pela "ação administrativa":[20] "No antigo sistema, a sociedade é essencialmente governada por homens; no novo, ela é governada apenas por princípios..."[21] "Fixar a direção na qual deve marchar a sociedade não cabe mais aos homens", na medida em que a soberania da sociedade não deve consistir "em uma opinião arbitrária erigida em lei pela massa, mas num princípio derivado da natureza mesma das coisas, de que os homens não fizeram senão reconhecer a justeza e proclamar a necessidade". Então, as "funções sociais" dos cidadãos, até os mais importantes, "consistem apenas em marchar numa direção que não foi escolhida por eles" e "não há mais lugar para o arbítrio dos homens nem o das leis", uma vez que todas as decisões só podem ser "resultado de demonstrações científicas, absolutamente independentes de toda vontade humana".[22] Nesse quadro, é preciso confiar na classe dos "Industriais", "única que possui a capacidade administrativa propriamente dita", o "poder temporal".[23]

Engels presta homenagem a Saint-Simon por ter proclamado "a passagem do governo político dos homens para uma administração das coisas e uma direção das operações de produção, portanto a abolição do Estado".[24] Mas a perspectiva é bem outra: em vez de aniquilar o poder da vontade dos homens, trata-se para Engels de permitir sua plena manifestação pela supressão do Estado-instrumento de dominação de classe. Engels é absolutamente claro: trata-se de colocar "o conjunto das condições de vida que cercam o homem, e que até aqui o dominaram," "sob o domínio e o controle dos homens," e isso graças à apropriação social dos meios de produção, à "organização planificada consciente" e ao conseqüente domínio das "leis de sua própria prática social, que até aqui se erguiam diante deles como leis naturais, estranhas e dominadoras".[25] Nisso, Engels faz perfeitamente eco a Rafael, que se indignava por só encontrar no Velho Mundo "conspiração de ricos que usurpam o nome e a autoridade do Estado para tratar de seus próprios negócios".

A Utopia expõe portanto uma filosofia da vontade humana. E essa vontade, que é da razão, toma prioritariamente a forma de lei.[26] É por isso, paradoxalmente, que uma obra como *Le Code de la nature*, de Morelly, que não manifesta diretamente o gênero utópico, pode no entanto parecer mais utopista que *La Basiliade*, do mesmo autor, romance que descreve a vida perfeita de um povo que se supõe existir: é que, no primeiro caso, são expostas doze categorias de leis, "conformes às intenções da natureza", enquanto que no segundo o povo vive feliz em sua ilha mas sem qualquer mediação, seguindo simplesmente a ordem natural que o faz conhecer seu sábio soberano. O utopismo de uma cidade perfeita sem lei é no entanto forte. *A República* de Zenão, *Men like Gods* de Wells (1923), as *Notícias de parte alguma* de W. Morris ou *A raça futura* de Bulwer-Lytton (1871)[27] manifestam esse utopismo, que é também a essência da vida social transparente dos australianos de Foigny ou da colônia de *Terra Livre* (1908) de J. Grave. Também o encontramos num autor como Walter Benjamin, cuja tendência libertária não faz todavia desaparecer a simpatia experimentada nos anos 30 pelo poder soviético. Há na sua base um neo-romantismo que o leva a condenar radicalmente as instituições estatais, quer se trate da polícia ou do Parlamento.[28] Em *A origem do drama barroco* (1924), Benjamin chega a utilizar os pontos de vista do jurista ultra-reacionário Carl Schmitt na sua fundamentação, em última análise, da soberania do Estado de exceção pelos poderes ditatoriais.[29]

Isso posto, todo utopismo antiestatal ainda não é imediatamente antiutópico, de que dá testemunho *O espírito da utopia* (1918, 1923) de E. Bloch. Ele desmascara o Estado em "sua essência própria, que é a imposição em si, pagã, satânica" (p. 288). É por isso que a mensagem dos anabatistas deve também ser compreendida, segundo Bloch (em *Thomas Müntzer, teólogo da revolução*), como negadora da "autoridade do Estado": de fato, para além de seu aspecto simplesmente sacramental, o batismo tardio proclama, "quase antecipando Bakunin, a liberdade de associação, acima dos Estados a internacional dos pobres de espírito, dos Eleitos, negação niilista de toda lei imposta de fora...", contra a "divinização luterana do Estado". Mas para E. Bloch não se trata se suprimir toda norma, mas antes, na perspectiva de Marx e Engels, de se esforçar para que o Estado "se transforme numa regulamentação internacional do consumo e da produção" (*O espírito da utopia*).

As referências religiosas precedentes esboçam no entanto aí a possibilidade de uma crítica não-utópica da autoridade do Estado. Assim, o socialismo libertário que Buber apresenta em *Utopia e socialismo* (1945) pode ser relacionado ao tema da teocracia anarquista que desenvolve em *O reino de Deus* (1932), em coerência com os modelos do diálogo e do encontro entre os homens e do homem com Deus expostos em *O eu e o tu* (1923).[30] E G. Scholem esclarece a carga antinômica que pode ter entre os judeus a espera do Messias quando sua vinda é compreendida como promessa de abolição da antiga Torá e abertura de um mundo sem qualquer interdição, pois daí em diante sem mal. É pela lei, ao contrário, que Utopia é pensada como perfeição humana.[31]

As leis na utopia têm por objetivo a felicidade dos homens. Porque consiste na consciência de uma identificação de si consigo mesmo, na *Humanitas*, o comunismo é o princípio último da utopia.

O COMUNISMO

Tais são "a verdade e o fundo do pensamento" de Rafael ao voltar da cidade perfeita: se há lá poucas leis e com elas reina a prosperidade e a justiça, é graças à ausência de propriedade privada. Ao "refletir" nisso, observando as nações do Velho Mundo, ele foi levado a concluir que nenhuma legislação verdadeira é possível fora dessa condição, o que, segundo ele, Platão compreendeu muito bem. E o final da *Utopia* não podia ser mais claro: se Utopia é "não apenas a melhor mas a única que pode reivindicar com todo o direito o nome de República", é exatamente por seu comunismo, que permite o "bem público" e, com ele, que "nada [falte] de privado a quem quer que seja". A selvageria da natureza é vencida quando o egoísmo individual, na sua forma econômica de propriedade privada, tem suas raízes arrancadas. Torna-se assim possível a "*Humanitas*" como identidade humana do Novo Mundo, o que marca de maneira forte e particularmente o trabalho benévolo dos butrescos. É por isso que, apesar das qualidades que a tornam semelhante à Utopia, especialmente em matéria penal, a República dos polileritas não é uma utopia, pois tem propriedade privada e roubo. Também é por isso, numa outra perspectiva, que *A nova Atlântida* de Francis Bacon não é propriamente utópica: também conhece a propriedade privada, o ouro e o dinheiro. Evocamos nas páginas precedentes alguns dos lugares desse utopismo básico anteriores a Morus, de que Platão naturalmente, Evêmero, Jâmblico e os diversos milenaristas são momentos fortes. Segundo E. Bloch no entanto, com *A Utopia* aparece alguma coisa nova: "É aí que pela primeira vez a democracia tomada em seu sentido humano, em seu sentido de *liberdade e tolerância abertamente reconhecidas e aplicadas*, é ligada à economia coletiva",[32] o que nosso exame precedente das leis permite efetivamente compreender.

Após *A Utopia*, podemos mencionar particularmente o comunismo de Jean Meslier. O interesse do *Memorial dos pensamentos e sentimentos* do vigário Meslier (1664-1729) é que o comunismo que apresenta é consubstancial ao seu ateísmo, sua denúncia da Igreja não se fazendo apenas por motivos morais e de alienação intelectual mas também pelo papel que desempenha de defensora de uma ordem social desumana. Certo, a análise da propriedade que ele denuncia (feudal, burguesa?) não é mais aprofundada do que a de Morus, às vezes mesmo ao contrário. Mas tem o duplo mérito de, primeiro, formular em sua reivindicação do "gozo comum" pelos homens dos "bens da terra e dos frutos do (...) trabalho" (cap. 48) o fundo comum do pensamento popular do século XVIII, o que a sua função de pároco rural lhe permitia sentir por dentro; e, segundo, de não ficar na simples exposição desse pensamento e afirmar a necessidade de uma planificação da economia. Há aí bem mais do que os jogos intelectuais ou doutrinas moralizadoras de que consistia a maior parte das utopias comunizantes do século XVIII.

Com o comunismo, em compensação, a antiutopia encontra seu motivo principal: a ele serão atribuídas todas as aberrações da Nova Terra que se imagina com Utopia. Nesse sentido, pode-se considerar *A assembléia das mulheres*, de Aristófanes, a primeira antiutopia sistemática, numa crítica a pensadores dos quais nos ficaram poucas informações:[33] a peça refuta a aplicação cômica de certo comunismo. E é por isso que o personagem Morus, concluindo *A Utopia,* ao mesmo tempo que admite "existir na República dos utopianos um grande número de disposições que eu desejaria ver em nossas cidades", não pode evitar de dizer que entre as práticas utopianas que considera absurdas está "sobretudo a que constitui o fundamento supremo de todas as suas instituições, que é a vida comum e a comunhão dos meios de existência sem nenhuma troca de moeda".

E no entanto essa é, de fato, para o autor da *Utopia,* a condição da felicidade. Com a propriedade comum, a lógica do dinheiro, princípio de indeterminação, equivalente infinito, é substituída pela lógica da necessidade, que pode certamente se multiplicar indefinidamente mas cuja expressão imediata (essa necessidade) é, por definição, finita. A posse de tudo por cada um (enquanto utopiano) permite, como promessa do fim da necessidade, o acordo de si com os outros e ao mesmo tempo consigo mesmo. De forma que o ouro e o comércio são estranhos a Utopia, embora existindo aí de certa maneira: segundo o esquema do mar que penetra na ilha mas não é a ilha, ou do mal que existe em Utopia embora a harmonia utópica o exclua, igualmente a economia utopiana prospera por si mesma sem ouro ou comércio mas usa ambos nas relações com o exterior, com o outro. Signos indicam o modo de integração do que é excluído pela essência de Utopia: por exemplo, utiliza-se o ouro para tudo o que é repugnante (urinóis etc.) ou mau (grilhões e símbolos de infâmia dos criminosos).[34]

Do regime de propriedade depende portanto, em última análise, a felicidade dos homens, sem que a perspectiva da *Utopia* seja economicista: trata-se de um livro de filosofia que tem por objeto pensar racionalmente os valores (a felicidade, o homem) pelo estabelecimento de uma correta finalidade para as leis humanas. Assim articulados, esses princípios do sistema utópico são de ordem materialista ou idealista? Essa questão deve ser colocada, embora evidentemente não tenha sentido para o próprio Morus. É que com ela se indaga o estatuto da sistematicidade utópica. Já dissemos que o sistema tem por função expor uma idéia pela qual são determinadas *a priori* as posições respectivas de cada parte. Ora, se o apriorismo da idéia não é absoluto, a harmonia do sistema não tem que se ater exclusivamente a sua forma sistemática; ela pode remeter a uma eventual harmonia material, que a idéia diretriz simplesmente significaria. Não podemos de fato pensar que é esse o caso com os princípios utópicos que examinamos? A própria lei dos homens (e não uma essência platônica ou uma vontade divina) permite que o prazer, cuja condição última é a saúde (e não um Bem ideal ou, de novo, uma vontade divina), reine entre os homens unidos e se amando, e isso graças ao fundamento da propriedade comum dos bens materiais — há nisso, claro que pensados na imaginação, princípios materialistas de harmonia. A existência utópica, no entanto, é histórica. Se ficarmos no que foi visto até aqui, isso não é muito compreensível: de onde vem o movimento que faz os utopianos mudarem, progredirem? Onde estão pois, indo ao essencial, as contradições produtoras de dinamismo, sabendo-se que o mal ou a doença, o ouro, o comércio, pensados e reconhecidos mas na exclusão, não são contradições internas ao sistema utópico?

TRABALHO E NATUREZA

A contradição interna em Utopia é entre o homem e a natureza e é vivida no trabalho socializado, racionalizado e desejado. É testemunho absoluto disso a sua fundação por Utopus, que começou pela extirpação do istmo que ligava Abraxas ao continente. E depois, nas cidades de Utopia, há amplos jardins cercados dos quatro lados pelas habitações dos que cuidam deles, de sorte que não há "nenhuma casa que não tenha uma porta para a rua e outra para o jardim". Esses jardins são ao mesmo tempo muito belos e muito úteis, razão pela qual "o fundador da República não teve outro cuidado maior que a sua criação". Momento do esquema urbanístico, a natureza é portanto integrada imediatamente em Utopia como natureza trabalhada.[35] De forma mais geral, todos os utopianos das cidades são chamados, por seu turno, a trabalhar no campo, para o que são primordialmente educados.

A agricultura é portanto o trabalho por excelência em Utopia e manifesta de fato mais diretamente a relação produtiva que o homem mantém com a natureza. A época não permite evidentemente um pensamento industrial e a agricultura só pode ser a modalidade imediata de produção, junto com o artesanato. Mas com isso se manifesta filosoficamente um paradigma do trabalho humanista utópico: na agricultura a natureza aparece diretamente prolongada, coisa acabada, ao fim do ato que a transforma. Só vem a ser pelo trabalho o que ela carrega e que o gesto do trabalhador faz surgir.[36] Fundamentalmente, ao produzir suas condições de existência pelo trabalho, os utopianos se produzem manifestamente como seres da natureza, numa naturalidade dominada, dirigida. Ocorre aqui o mesmo que no ato pelo qual Utopus transformou os abraxanenses em utopianos: o que é negado é o imediato natural, em prol da verdade da natureza, quais sejam no plano moral o direito natural e no plano econômico o produto do trabalho, belo e útil ao homem.

A utopia mostra que cabe ao homem a responsabilidade da harmonia entre a natureza e ele mesmo, se é necessária a mediação negadora do trabalho produtor para que venha da natureza o produto útil. Nem essa harmonia é dada imediatamente, numa idade de ouro ou num País da Cocanha que não conheceriam o trabalho,[37] nem é simples efeito analógico como em Fourier, para o qual a associação composta basta por si só e por sua simples presença para transformar a natureza, para humanizá-la.[38] Assim, uma vez que o essencial ao trabalho enquanto tal é pois precisamente o momento da negação, da absoluta ruptura pela qual o outro, que ainda não é, vem a ser como novidade, negação pela qual exclusivamente se efetua uma produção, pode-se dizer que Utopia não somente é produzida pelo trabalho mas também que é, de certa forma, seu modelo, por sua posição de ser outro vindo a existir por si só, como vimos no capítulo 4. Mas se para o recurso à natureza é necessário a ação humana, também são necessárias condições que permitam essa ação, primeiro condições naturais, é claro, mas também condições sociais e condições técnicas. Antes de chegar a Utopia, Rafael viu lugares totalmente hostis, "imensas desolações a arder num calor perpétuo (...), espaços desérticos habitados por feras e serpentes", onde os homens só podem levar uma vida selvagem e bestial. E ainda não basta que o clima seja mais clemente, como em Utopia, para que haja produção: são necessárias boas instituições para que os utopianos, ao contrário da "horda selvagem" dos abraxanenses que os precederam ou dos ingleses, valorizem admiravelmente suas terras. Essa é mesmo a justificativa última da colonização: "Graças a suas instituições, os utopianos conseguem transformar um território, que parecia ingrato e estéril demais para alimentar um só povo, numa terra fecunda para os dois povos simultaneamente." O utopismo do trabalho não recobre portanto de fato o utopismo da posição indeterminada de Utopia como existência que deve seu ser apenas a si mesma. O primeiro envolve o segundo como um de seus momentos, mas somente como um de seus momentos. A criatividade do trabalho, pela qual os homens produzem a si mesmos, supõe condições naturais e sociais. Há aí uma nítida tendência materialista. Com efeito, Hegel por exemplo, que vê no trabalho o Absoluto, pensa-o como movimento de autonegação de Deus produzindo-se a si mesmo como Espírito. Sendo negação de si, sem alteridade verdadeira, o trabalho manifesta assim que só a Verdade, o Verbo é,[39] enquanto Morus, ao contrário, vê homens transformando um dado que não depende deles e em condições que determinam a eficácia de seus gestos.[40] Essa tendência materialista utópica está ainda presente no fato de que são técnicas adaptadas, dadas a si mesmo pelo ato negador-produtor do trabalho, que lhe permitem ser,[41] o que faz a Nova Atlântida de Francis Bacon, votada ao desenvolvimento das técnicas e das ciências que as tornam possíveis, uma cidade perfeitamente utopista desse ponto de vista.

Os utopianos estão portanto em condições não apenas de tirar proveito da natureza através da exploração direta, mas mesmo de reformá-la com vistas a uma utilização ulterior mais eficaz: é assim que deslocam florestas para perto dos rios de modo a facilitar o transporte da madeira (ibid.). Com o trabalho utópico, o poder humano se manifesta pois no mais alto grau. Todavia, o domínio não é um valor utópico em si. Nesse ponto Morus é aristotélico e submete a ordem da *poiesis* (quer dizer, da atividade produtora de outra coisa além de si mesma) à ordem da *praxis* (atividade que tem seu fim em si mesma). Em conseqüência, se os utopianos procuram aumentar sua produtividade, é com o objetivo de diminuir o tempo de trabalho social e isso em benefício particular das alegrias do espírito e, de forma mais geral, do lazer. Certo, o próprio trabalho pode ser fonte de prazer, de forma que não é apenas o proveito mas também o prazer que impelem os cidadãos ao cultivo dos jardins e "bom número de pessoas não atraídas pelos estudos especulativos" continua a exercer seus ofícios fora dos horários regulamentares. Mas Morus não é Fourier quando constata que os trabalhos repugnantes não podem de forma alguma ser atraentes; e é por isso que só um sentimento muito elevado de "*Humanitas*" e a esperança de compensações no Além levam os butrescos a reservar para si mesmos, "completamente e de boa vontade, todas as ocupações austeras, difíceis ou imundas que repugnam à maioria dos homens pelo tédio, fadiga ou desgosto que provocam".

Marx parece então bem utopista quando, numa página muito conhecida do *Capital*, afirma que "o reino da liberdade começa somente quando cessa o trabalho por necessidade ou oportunidade imposta do exterior; situa-se pois, por natureza, para além da esfera de produção material propriamente dita".[42] Por isso, seja qual for o modo racional e livre pelo qual os homens, associados no trabalho, regulam suas trocas com a natureza, é preciso superar essa esfera para que se desenvolvam as forças humanas como "fim em si", desabrochar cuja "condição essencial (...) é a redução da jornada de trabalho" (ibid.). É nesse sentido que se deve compreender a fórmula da *Crítica do programa de Gotha*, segundo a qual "numa fase superior da sociedade comunista (...) o trabalho não será apenas um meio de vida, mas se tornará ele mesmo a primeira necessidade vital";[43] o trabalho pode também atrair, ser desejado por si mesmo, mas é primeiramente "meio de vida" e, enquanto tal, envolve necessariamente uma obrigação. Mas nem por isso Marx julga impossível que possa se tornar "atraente" não apenas o trabalho praticado no lazer mas também o que se impõe para a produção dos meios de existência, sem que isso remeta de forma alguma às ilusões de Fourier.[44]

O trabalho é, de qualquer forma, a razão do progresso utópico, através da multiplicação de invenções "nas artes destinadas a tornar a existência mais fácil", artes que ele suscita. É que o trabalho não é simples modalidade da produção de si, como meio de satisfazer exigências absolutas e imutáveis, numa reprodução repetitiva; é fundamentalmente aquilo pelo que os homens criam sua humanidade, aquilo que, através da satisfação das necessidades, leva à criação de novas necessidades e dos instrumentos para satisfazê-las.[45] Isso dá um sentido histórico à noção de "direito natural": a felicidade não é um estado de conteúdo definitivo, mas determinado por adequações variáveis, em quadros circunstanciais diferentes, entre necessidades e produtos que podem satisfazê-las.

O valor atribuído ao trabalho em Utopia deve-se pois ao seu comunismo. Mas, inversamente, o simples comunismo dos bens não leva por si só a um trabalho de valor propriamente humanista, como princípio pelo qual os homens se produzem historicamente, se apropriam socialmente das riquezas, num reconhecimento do homem social por si mesmo, na mediação de seu produto. As comunidades cristãs primitivas, já dissemos, não viviam do seu trabalho e o comunismo dos cenobitas, quando recomenda o trabalho, como fazem certas ordens,[46] tem outros motivos. Com todo o rigor, só Deus alimenta e veste, faz ser, e é nesse sentido que se inscreve o trabalho do monge: o comunismo tem por função permitir que o monge se ocupe apenas do Céu, o que implica a eliminação ao mesmo tempo dos problemas da miséria e das perturbações geradas pela propriedade privada. Além disso, segundo Agostinho (*O trabalho dos monges*), o trabalho vale antes de tudo, nas condições pecaminosas, como penitência, testemunho de um espírito de humildade, em particular quando o monge é proveniente de uma classe rica. Marx mostrará que essa perspectiva é uma das matrizes da economia política clássica. Assim, critica Adam Smith (1723-1790), que pensa o trabalho como "sacrifício" do repouso, da liberdade, da felicidade, como "preço" a ser pago pelo uso de objetos.[47] O que está envolvido nisso é o conteúdo da formação, da educação que o trabalhador faz de si mesmo através do seu trabalho: freio à expansão do desejo, como na dialética hegeliana do senhor e do escravo, formação portanto como espiritualização e desnaturalização; ou livre desabrochar das potencialidades humanas e verdadeira criação de si no trabalho associado, segundo Marx.

Com o trabalho utópico o homem se cria pois como ser natural que se torna senhor de si mesmo pela negação do imediato natural, numa harmonização com a natureza circundante jamais terminada mas sempre pensada sob o modo de acabamento das potencialidades naturais. É por isso que o conhecimento da natureza dá aos utopianos as mais intensas alegrias, que os solarianos são governados pelo maior dos sábios e que a cidade perfeita deve ser, para Bacon, uma cidade das ciências. Mas isso dá também, em última análise, um sentido ontológico radical ao fato de Utopia ser cidade terrestre perfeita. O trabalho mostra com efeito que Utopia não é apenas uma cidade, mesmo perfeita, sobre a terra. Ela é, de certa forma, a verdade da terra.

NOTAS

1. P. 514. "Depois de pesar e examinar bem tudo, [os utopianos] acham que todas as nossas ações (...) visam em definitivo ao prazer como felicidade e fim" (p. 521).

2. P. 517. "Portanto, dizem eles, é mesmo uma vida agradável, ou seja, o prazer, que a própria natureza nos prescreve como fim de todas as ações; viver segundo as prescrições da natureza, tal é a sua definição de virtude" (p. 518).

3. Também a maioria dos utopianos dedica as suas horas de lazer aos trabalhos intelectuais (p. 470).

4. P. 546. "Zombar de um homem deformado ou mutilado é considerado uma vergonha." Por outro lado, "quem não preserva sua beleza natural é acusado de moleza e preguiça" (p. 557).

5. P. 549 Na mesma perspectiva, os australianos de Foigny, quando chegam aos 100 anos, pedem espontaneamente o "grande descanso", que lhes é dado por *Balf*. Não é sem importância que esse produto, como o "soma" de Huxley, leva à euforia quando tomado em pequena quantidade.

6. P. 493. De forma semelhante, os solarianos de Campanella vivem "na abundância de bens" (*La Cité du Soleil* p. 37).

7. Lembremos no entanto que Morus (p. 521) não excluía os "prazeres em movimento".

8. Há positivamente "prazer na posse de uma saúde sólida" (p. 530). "Se argumentamos que a saúde não dá uma sensação especial, eles respondem que essa é uma opinião bem distante da verdade" (p. 533). Se, para Epicuro, "o limite de grandeza dos prazeres é a eliminação de tudo o que provoca dor" (*Maxime fondamental* III), o prazer é em si mesmo fruição positiva: "Eu me regozijo de prazer corporal ao me alimentar de pão e água" (Estobeu, *Florilège*, XVII, 34, U.S., 181).

9. p. 537. Ver *Lettre à Ménécée*, §130. A formulação da p. 493 de *U.* é ainda mais radical: os utopianos "partilham, com efeito, de muito bom grado, a opinião de que nenhum tipo de prazer é proibido contanto que não cause qualquer inconveniente".

10. Na opinião de E. Cassirer, o epicurismo não pode com efeito ser a única referência possível. Segundo ele, "não há qualquer dúvida de que as discussões do *Filebo* serviram de modelo a Morus até nos detalhes" (*The platonic Renaissance in England*, Gordian Press, Nova York, 1970, p. 110). E, claro, é bem a doutrina do *Filebo* a de que um prazer misturado ao desejo, isto é, ao sofrimento (como o prazer de comer quando se tem fome — *U.*, p. 534), não é um prazer puro.

11. P. 521. Lembremos a crítica utópica dos tratados, que examinamos no capítulo 1: os utopianos acham que "a comunidade natural vale como tratado e que os homens são mais forte e intimamente unidos pela vontade de se fazerem o bem recíproco do que por pactos, pelo coração ou pelas palavras" (p. 566).

12. A Adimanto, que lhe reprova a vida muito dura que reserva aos dirigentes, Sócrates responde que "fundamos a cidade não para que uma classe tenha uma felicidade superior, mas para que a cidade inteira seja feliz" (420b). Ver também VII, 519.

13. Lembremos que Morus utiliza o termo para justificar a colonização (*U.*, p. 482).

14. *Ethique à Nicomaque*, VIII, 1, 1155a, Vrin, 1959, pp. 382-383. Sobre as relações entre as diversas teorias do direito natural e a utopia, ver E. Bloch, *Principe Espérance*, II, pp. 110-135, e *Droit naturel et dignité humaine*, Payot, 1976.

15. Aliás, de maneira geral, o recurso à intriga para obter um posto qualquer faz a ruína política do intrigante (p. 558).

16. A. Prévost tem portanto razão de criticar a maioria das traduções, que dá *"inire consilia"* como "discutir" (pp. 464-465). Sob a mesma ética, não há para a ilha como um todo equivalente do Governador de cada cidade. Esse primado da lei pode levar à limitação do gênero, pois autores como James Harrington (1611-1677), em *Commonwealth of Oceana* (1656), tendem a usar a forma utópica como pretexto para a simples exposição de programas legislativos.

17. *As leis*, V, 739. Ver também IX, 874-875. É nessa perspectiva que se deve compreender o uso que Platão faz do mito de Cronos no livro IV: no novo ciclo, "ninguém pode, por natureza, regular como senhor absoluto todos os assuntos humanos sem se encher de excesso e injustiça" (713c).

18. *La prudence chez Aristote*, PUF, 1963. Nesse sentido, Aristóteles mostra que a eqüidade vale mais que a justiça legal, tantas vezes impotente, pela generalidade que a define, para permitir uma determinação particular (*Ética a Nicômaco*, V, 14).

19. Três dias devem separar a discussão no Senado de uma moção de interesse público e sua ratificação; essa discussão não pode ter lugar no dia mesmo em que a questão é apresentada.

20. Ver, por exemplo, *De l'organisation sociale*, em *Œuvres*, vol. XXXIX, t. 5, pp. 150-152.

21. *L'organisateur*, vol. XX, t. 2, p. 197.

22. Ibid., pp. 197-200. E é porque, "só porque em tal sistema todas as funções sociais têm um caráter positivo e um objeto bem determinado, a capacidade necessária para preenchê-las é tão evidente, tão fácil de constatar, que jamais poderia haver indecisão a esse respeito e cada cidadão deve tender naturalmente a se restringir ao papel que lhe é mais adequado" (ibid.). Ver também pp. 85-86.

23. *Du système industriel*, vol. XXII, t. 3, pp. 177-179.

24. *Socialisme utopique et socialisme scientifique*, p. 69. Ver também p. 114.

25. Ibid., pp. 117-118. Não é por acaso que Engels conclui seu opúsculo com um parágrafo intitulado "Da era da fatalidade à era da liberdade".

26. Maquiavel, nesse sentido, participa do utopismo quando louva a cidade cuja constituição e cujas leis são boas, na medida em que, graças a elas, "não tem necessidade como as outras cidades de basear sua salvação na *virtù* de um só homem" (*Histoires florentines*, Gallimard-Pléiade, pp. 1119-1120). "Um povo que comanda e que é regrado por leis é prudente, constante, capaz de ver tanto quanto e mesmo mais, na minha opinião, que um príncipe tido mesmo como sábio" (*Tite-Live*, I, 58, p. 145). Por conseguinte, se autor da lei, o príncipe deve também obedecê-la; e Savonarola, de quem no entanto "os escritos provam a ciência, a habilidade, a *virtù*", deveu sua queda, em grande parte, ao fato de que não se acreditou obrigado pela lei que o incomodava (*Tito Lívio*, I, 45).

27. *La race à venir*, Marabout, 1973.

28. "Para uma crítica da violência" (1921), em *Mythe et violence*, Denoël/Lettres Nouvelles, 1971, pp. 133-134, 137-138, 147.

29. C. Buci-Glucksmann mostra que, para Benjamin, "a verdade da história não está do lado da lei, da regra, da norma, mas exatamente do outro lado: na

violência de uma soberania que se afirma até o limite nos Estados de exceção, que evidenciam a relação política como relação 'guerreira'" ("Walter Benjamin e o anjo da história: uma arqueologia da modernidade", *L'Écrit du Temps*, 1983, nº 2, p. 67). As perspectivas, claro, são bem diferentes: trata-se, para Schmitt, de justificar um "Estado total" como verdade da forma estatal. Ver, por exemplo, J.-F. Kervégan, *Hegel, Carl Schmitt. Le politique entre spéculation et positivité*, PUF, 1993, e R. Cristi, *Le libéralisme conservateur*, Kimé, 1993. M. Löwy mostra ainda a presença de um utopismo anarquista, devido ao neo-romantismo, em autores tão diferentes quanto F. Kafka, G. Lukacs ou E. Fromm (op. c., 98-100, 106-120, 188-190, 195-197).

30. *Je et Tu*, Aubier, 1992.

31. Não se compreende bem, nessas condições, que T. Molnar faça da eliminação das leis um "princípio utopista" (*L'utopie éternelle hérésie*, caps. 7 e 8, principalmente). Bem ao contrário, como mostra P.-F. Moreau em *Le récit utopique, droit naturel et roman de l'Etat* (em especial o cap. VIII), as utopias da época clássica visam a expor a racionalidade jurídica, sobretudo para fins da eficácia administrativa do Estado, que a época exigia.

32. *Principe Espérance*, II, p. 92.

33. Admite-se hoje geralmente que *A República* de Platão, em particular o livro V, é posterior à *Assembléia das mulheres*.

34. *U.*, p. 502. De forma que os utopianos têm um formidável tesouro de guerra e superávit no comércio exterior (pp. 497-510, 545-546). A perspectiva é a mesma na *Cidade do Sol*, onde "as crianças (...) riem quando vêem os mercadores entregarem tantos pacotes em troca de algumas peças de moeda" (p. 35).

35. A integração da natureza ao mundo do homem é assim um ideal utopista que expressam, cada uma à sua maneira, as cidades de Le Corbusier, E. Howard (1850-1928) ou F.L. Wright (1867-1959). A "Cidade Radiosa" de Le Corbusier deve ser um conjunto de arranha-céus de vidro e aço no meio de parques que ocupam 85% da superfície urbana total; Howard imagina "cidades-jardins"; e com a Broadacre City de Wright "a cidade emigra para o campo". As antiutopias que, como *Nós outros* de Zamyatin, crêem assim caricaturar o horror das cidades perfeitas isolando-as da natureza, por exemplo com muros protetores, atêm-se ao momento abstrato da negação utópica e deixam de perceber completamente sua finalidade.

36. Analisando o lema do *Cândido* de Voltaire de que "é preciso cultivar o nosso jardim", J. Moutaux lança luz sobre o sentido que adquire aí a jardinagem: "O jardim, resultado do trabalho, designa o que podem fazer os homens: a morada humana dos homens" ("A definição do materialismo e a questão do trabalho", *Revue Philosophique*, nº 1, 1981, p. 104). O belo une-se aí ao útil numa humanização acabada da natureza; não é pela violência que a selvageria da natureza é domesticada, mas pelos cuidados: "A cultura, à sua maneira, segue a natureza" (ibid.).

37. Ver, particularmente, para a história do tema da Cocanha na Inglaterra, A.L. Morton, *L'utopie anglaise*, pp. 7-33.

38. Ver C. Morilhat, *Charles Fourier, imaginaire et critique sociale*, pp. 104 e seg.

39. *Fenomenologia do Espírito*, prefácio (*Phénoménologie de l'Esprit*, Ed. Aubier-Montaigne, s.d., particularmente pp. 17-18).

40. Essa é a perspectiva que se encontrará em Marx: "O trabalho é antes de tudo um ato que ocorre entre o homem e a natureza. Nele o próprio homem desempenha em relação à natureza o papel de um poder natural. As forças de que seu corpo é dotado, braços e pernas, cabeça e mãos, ele as coloca em movimento a fim de assimilar a matéria, dando-lhe uma forma útil à sua vida. Ao mesmo tempo que age com esse movimento sobre a natureza exterior e a modifica, ele modifica sua própria natureza, desenvolvendo as faculdades nela adormecidas" (*Le Capital*, I, seção 3, cap. 7, Editions Sociales, t. I, 1977, p. 136).

41. É o caso, por exemplo, dos processos de incubação na criação de galinhas (p. 454) ou da adubação dos solos.

42. Livro III, seção 7, cap. 48, Editions Sociales, 1977, t. 3, p. 742.

43. *La critique du programme de Gotha*, Editions Sociales, 1972, p. 32.

44. Ele nota nos *Manuscritos de 1857-1858* que existem condições "subjetivas e objetivas (...) para que o trabalho seja *travail attractif* [atraente], auto-realização do indivíduo, o que não significa de modo algum que seja puro prazer, puro *amusement* [divertimento] como pensa Fourier com suas concepções ingênuas e suas visões de costureirinha. Trabalhos efetivamente livres, a composição de uma obra musical por exemplo, requerem justamente ao mesmo tempo uma sagrada seriedade e o esforço mais intenso. O trabalho da produção material só pode adquirir esse caráter se 1) assumir seu caráter social e 2) se revestir de um caráter científico enquanto permanece um trabalho de ordem geral, quer dizer, se for o esforço do homem (...) como atividade que regula todas as forças da natureza" (t. 2, Editions Sociales, 1980, p. 102. As palavras em itálico estão em francês no texto de Marx). A perspectiva é a mesma no *Capital*, I, 3, cap. 7, quando Marx, examinando "o movimento do trabalho útil em geral, abstração feita de todo cunho particular que pode lhe imprimir tal ou qual fase do progresso econômico da sociedade", constata que a vontade do trabalhador é tanto mais submissa quanto "menos o trabalho, por seu objeto e seu modo de execução, empolgue o trabalhador, quanto menos se faça sentir como o livre exercício de suas forças corporais e intelectuais; em uma palavra, quanto menos atraente for" (Editions Sociales, 1977, t. I, p. 137).

45. "Uma vez satisfeita a primeira necessidade, a ação de satisfazê-la e o instrumento já adquirido para essa satisfação levam a novas necessidades — e essa produção de novas necessidades é o primeiro fato histórico" (Marx e Engels, *A ideologia alemã*, p. 27).

46. O que não deve fazer esquecer, na prática, a instituição dos irmãos leigos e o sentido prioritariamente intelectual que assume, em geral, o trabalho dos monges propriamente ditos.

47. Marx mostra na linha da *Utopia* que "a negação do descanso enquanto pura negação, enquanto sacrifício ascético, não cria nada. Um indivíduo pode se esgotar em mortificações, pode se martirizar de mil maneiras o dia inteiro, como os monges por exemplo, sem que essa montanha de sacrifícios dê à luz sequer um rato. O preço natural das coisas não é o sacrifício que se faz por elas" (*Manuscrits de 1857-1858*, p. 104). Essa posição fundamental que negativiza o pecado não exclui porém, em Agostinho, um real utopismo: o trabalho em si mesmo, separado do pecado (como o trabalho de Adão no Paraíso, antes da Queda, *Gênese*, II, 15), é prazer. E é formador, pela relação que supõe com a natureza (*De Genesi ad litteram*, VIII, 8, 15-16).

CONCLUSÃO

A utopia é necessária. Ela nos faz pensar e querer o mundo. É um convite à filosofia, em suma. É isso que, nos parece, deve ser promovido. A razão utópica é filosófica, de uma filosofia não platônica para a qual não há essência sem existência, sem que seja preciso imaginar essa existência para demonstrá-la. A existência imaginária da cidade perfeita significa o poder humano de maneira pura: Utopia é "Lugar Algum", isto é, ela pode estar em qualquer lugar, e é do presente, quer dizer, é sempre possível. Utopia significa antes de tudo a negação do fato, o afastamento do que é dado, a revolta ou a crítica. Mas sua lição fundamental é que a liberdade humana aspira a que a razão seja prática por si mesma. A harmonia é a essência de Utopia, numa sistematicidade que não é um fim em si mas que só vale para fazer ser os princípios racionais da "*Humanitas*". De Utopia pode-se concluir o homem. Deve-se de Utopia ou do homem concluir Deus, ver na utopia a busca da transcendência?

É o que pensa A. Prévost. *A Utopia* é para ele essencialmente um órgão de descoberta, uma *heurística*.[1] Espelho que certamente permite ao homem contemplar-se na sua verdade, ela seria de maneira última um convite a quebrar todos os espelhos, como o indicam sua toponímia e antroponímia negativas. Do espelho à quebra do espelho: haveria portanto bem mais que uma simples correspondência a estabelecer entre a cidade perfeita terrestre, inscrita no Devir, e o Ser absolutamente perfeito, eterno. A primeira não apenas evocaria o segundo mas, desencadeando um movimento dialético e profético que levaria antes de tudo a um retorno sobre si mesmo, colocaria em andamento uma conversão, uma "utopia interior", que não se poderia concluir na terra. Com *A Utopia* revelar-se-ia assim uma "Utopia matricial", de que ela seria apenas um momento. *A Utopia*, em suma, seria "reserva do desejo" e é por isso que os utopianos não temem a morte. Também para E. Lévinas a utopia significa desejo e vitória sobre a morte,[2] de forma que a utopia é o humano como transcendência, desejo que não remete à falta que é a necessidade, quer dizer, ao ser inacabado que aspira à completude, mas ao além do ser. A utopia revela a idéia de infinito. E é por isso que é vitória sobre a morte, como negação do tema do ser e também como tensão rumo ao futuro. A verdade da utopia seria então a ética, para a qual o Outro não pode ser identificado ao Mesmo.

E no entanto *A Utopia* é, antes de tudo, um livro de filosofia política,[3] no qual é dada a pensar uma nova ontologia. A essência é pela existência e a *Humanitas* exige de início instituições racionais. O *Eu* e o *Tu* não podem ser sem o *Nós*, o que se torna possível com o comunismo. Certamente trata-se do infinito com Utopia, ser que se deve apenas a si mesmo. Mas é antes no trabalho que ele se apresenta, trabalho pelo qual a negação do ser dado é produção contínua do ser. O trabalho é a verdade da utopia, de sorte que a utopia é a verdade do ser. Por conseguinte, E. Bloch tem razão de introduzir a noção de "materialismo utópico" para designar o "transcender sem transcendência" de uma matéria considerada como "o substrato de possibilidade que garante o *novum* fermentado do nada, engendrando o não-ainda", de forma que "a própria possibilidade real, se não deve flutuar mais no ar, é a da matéria, de uma matéria libertada da massa a-histórica, de uma matéria utopicamente carregada".[4]

Mas Utopia é antes de tudo "cidade perfeita". Se pode significar o ser mesmo, é enquanto verdadeira comunidade política, cidade da felicidade pelo comunismo. A antropologia é a dimensão de sua ontologia: é pelos homens que a consciência de sua possibilidade se materializa. Com isso, o "silêncio de Deus" que legitima o empreendimento utópico não nos basta mais e nasce então o utopismo do desejo de uma humanidade em condições de não se dever absolutamente senão a si mesma e, com ele, o utopismo de uma matéria absolutamente suficiente para perceber isso.

NOTAS

1. Em *U.*, pp. 146-169 e 179-190 em particular.

2. Ver M. Abensour, "Pensar a utopia de outro modo", em Cahiers de L'Herne, *Emmanuel Lévinas*, Le Livre de Poche, 1993. Quatro textos principais

de Lévinas sobre a utopia devem ser lembrados: "O lugar e a utopia", em *Difficile liberté*, Le Livre de Poche, 1990; "Sobre a morte no pensamento de Ernst Bloch", em *Utopie — marxism selon E. Bloch*, homenagem org. por G. Raulet, Payot, 1976, e 2ª ed. em *De Dieu qui vient à l'idée*, Vrin, 1982; o prefácio para Martin Buber, *Utopia e socialismo*, ed. c.; "Paul Celan — Do ser ao outro", em *Nomes propres*, Le Livre de Poche, 1987. Ver também C. Chalier, Lévinas — *L'utopie de l'humain*, Albin Michel, 1993.

3. E, mesmo, G. Deleuze e F. Guattari não estão errados em dizer que "a cada vez, é com a utopia que a filosofia se torna política" (*Qu'est-ce que la philosophie?*, Ed. de Minuit, 1991, p. 95).

4. *Philosophische Grundfragen einer Ontologie des Noch-Nicht-Seins*, Frankfurt, 1967, citado por A. Münster, op. cit., p. 243.

INDICAÇÕES BIBLIOGRÁFICAS

Edições de *A Utopia*: ver Advertência 2, p. 8

Utopias e utopistas

Campanella, T., *La Cité du Soleil* (1623), Vrin, reed., 1982
Bacon, F., *La nouvelle Atlantide* (1627), Payot, 1983
Cyrano de Bergerac, S., "Histoire comique des États et Empires *de la Lune e Histoire comique des États et Empires* du Soleil" (1657), in *L'Autre Monde*, Editions Sociales, 1978
Foigny, G., *La terre australe connue* (1676), Slatkine, 1979
Veiras, D., *Histoire des Sévarambes* (1677), Encrage, 1974
Tyssot de Patot, S., *Voyages et aventures de Jacques Massé* (1710), Slatkine, 1979; Universitas Voltaire Foundation, 1993
Meslier, J., 1664-1729, *Œuvres complètes*, Anthropos, 1970-72
Morelly, *Naufrage des îles flottantes ou la basiliade du célèbre Pilpai* (1753); *Code de la nature* (1755), Editions Sociales, 1970
Deschamps, Dom Léger-Marie, *Le vrai système ou le mot de l'énigme métaphysique et morale* (1762), Droz, 1963
Mercier, L.-S., *L'an 2440, rêve s'il en fut jamais* (1771), Ducros, 1970
Saint-Simon, Cl.-H, 1760-1825, *Œuvres*, Anthropos, 1966-68
Owen, R., 1771-1858, *Textes chosis*, Editions Sociales, 1963
Fourier, Ch., 1772-1837, *Œuvres complètes*, Anthropos, 1966-1968
Cabet, E., *Voyage en Icarie* (1839), Slatkine Reprints, 1979
Morris, W., *Nouvelles de nulle part* (1890), Editions Sociales, 1961

Antologias

Desanti, D., *Les socialistes de l'utopie*, Payot, 1970
Fernandez-Récatala, D., *Mémoires du futur*, Messidor, 1991
Fiorato, A.C., *La cité heureuse, l'utopie italienne de la Renaissance à l'âge baroque*, Quai Voltaire, 1992

Utopismos filosóficos e presenças diversas da utopia

Al-Farabi, *Traité des opinions des habitants de la cité idéale*, Vrin, 1990
Aristóteles, *Politiques*, Garnier-Flammarion, 1990
Agostinho, *La Cité de Dieu*, Points-Seuil, 1994
Baczko, B., *Les imaginaires sociaux*, Payot, 1984; *Lumières de l'utopie*, Payot, 1978

Benjamin, W., *Essais*, Denoël Gonthier, 1983
Bloch, E., *Le Principe Espérance*, I, II, III, Gallimard, 1976, 1982, 1991; *T. Münzer*, 10-18, 1975; *L'esprit de l'utopie*, Gallimard, 1989
Bloch, O., *Le matérialisme*, PUF, 1985
Buber, M., *Utopie e socialisme*, Aubier-Montaigne, 1977
Buzzati, D., *Le Désert des Tartares*, Le livre de poche, 1987
Choay, F., *L'urbanisme, utopies et réalités*, Seuil, 1979
Cohn, N., *Les fanatiques de l'Apocalypse*, Payot, 1983
Duns Scot J., *Ordinatio* in O. Boulnois, *Sur la connaissance de Dieu et l'univocité de l'étant*, PUF, 1988
Engels, F., *Socialisme utopique et socialisme scientifique*, Editions Sociales, 1973
Epicuro, *Lettres*, Fernand-Nathan, 1982
Gandillac, M. de, e Piron, C., orgs., *Le discours utopique, colloque de Cerisy*, 10-18, 1978
Gracq, J., *Le rivage des Syrtes*, Librairie José Corti, 1988
Hegel, G.W.F., *Leçons sur l'histoire de la philosophie*, Vrin, 1972-85; *Leçons sur Platon*, Aubier-Montaigne, 1976
Huxley, A., *Le meilleur des mondes*, Le livre de poche, 1965
Kant, E., *Critique de la raison pure*, PUF, 1968
Institut pour l'étude de la Renaissance et de l'humanisme, *Les utopies à la Renaissance*, PUF, 1963
Lapouge, G., *Utopie et civilizations*, Flammarion, 1978
Leibniz, G.W., *Essais de théodicée*, Garnier-Flammarion, 1969
Levin, I., *Un bonheur insoutenable*, J'ai lu, 1993
Löwy, M., *Rédemption et utopie*, PUF, 1992
Maquiavel, N., *Discours sur la première décade de Tite-Live*, Champs-Flammarion, 1985; *Le prince*, Garnier, 1968
Mann, T., *La montagne magique*, Le livre de poche, 1981
Mannheim, K., *Idéologie et utopie*, Marcel-Rivière, 1956
Marin, L., *Utopiques: jeux d'espaces*, Minuit, 1973
Marx, K., e Engels, F., *Le Manifeste du Parti Communiste*, Editions Sociales, 1983
Moreau, P.-F., *Le récit utopique, droit naturel et roman de l'Etat*, PUF, 1982
Morton, A.-L., *L'utopie anglaise*, Maspéro, 1979
Ockham, G. d', *Somme de logique*, Primeira parte, TER, Mauvezin, 1988
Orwell, G., *1984*, Le livre de poche, 1970
Petitfils, J.-C., *La vie quotidienne des communautés utopistes au XIXe s.*, Hachette, 1982
Platão, *Critias, La République, Le politique, Les lois, Le sophiste, Parménide, Phédon, Philèbe, Timée*, Gallimard-Pléiade, 1966, 1964
Ruyer, R., *L'útopie et les utopies*, 1950, reed. Gérard Montfort, 1988
Scholem, G., *Le messianisme juif*, Presses-Pocket, 1992
Séguy, J., "Une sociologie des sociétés imaginées: monachisme et utopie", *Annales. Économie. Société.*, Civilizations, mar-abr 1971
Servier, J., *Histoire de l'utopie*, Gallimard, 1967
Trousson, R., *Voyages aux pays de nulle part*, Editions de l'Université de Bruxelles, 1979
Védrine, H., *Les grandes conceptions de l'imaginaire*, Le livre de poche, 1990
Vernant, J.-P., *Mythe et pensée chez les Grecs*, Maspéro, 1971
Wunenberger, J.-J., *L'utopie et la crise de l'imaginaire*, J.-P. Delarge, 1979
Zamiatine, E., *Nous autres*, Gallimard, 1971

ÍNDICE ONOMÁSTICO

Este livro foi composto pela Textos & Formas, em Palatino, e impresso por Tavares e Tristão Ltda., em março de 1996.